798

Über das Buch

Welche Funktion haben weibliche Vorbilder und Idole? Was war prägend in ihrem Leben? Wie wurde ihr Ausbruch aus der Rolle möglich? Diesen Fragen geht Alice Schwarzer seit Jahrzehnten systematisch nach, vorzugsweise am lebendigen Stoff. Ihre Essays und Interviews zeichnen sich durch Genauigkeit beim Fragen und die vertrauensvolle Offenheit der Befragten aus. Vom Star bis zur Nobelpreisträgerin, von der Politikerin bis zur Unternehmerin, von der Komikerin bis zur Psychoanalytikerin, bei allen beleuchtet Alice Schwarzer – selbst eine der prominentesten Frauen der Gegenwart – auf gleicher Augenhöhe Stärken und Verletzlichkeiten, Rezeption und Realität, Leiden und Freude am Erfolg.

Die Autorin

Alice Schwarzer, Jahrgang 1942, Journalistin und Essayistin, seit 1971 eine der erfolgreichsten Buchautorinnen in Deutschland. Ihre Bücher sind in zahlreiche Sprachen übersetzt. Seit 1977 die Herausgeberin der Zeitschrift „Emma".

Weitere Buchveröffentlichungen

„Marion Dönhoff", 1996. „So sehe ich das", KiWi 449, 1997. „Romy Schneider – Mythos und Leben", 1998. „Simone de Beauvoir", KiWi 538, 1999. „Man wird nicht als Frau geboren" (Hg.), KiWi 578, 2000. „Der große Unterschied", 2000. „Eine tödliche Liebe – Petra Kelly und Gert Bastian", 1994, Aktualisierte Neuausgabe, KiWi 640, 2001. „Die Gotteskrieger und die falsche Toleranz" (Hg.), KiWi 683, 2002. „Alice im Männerland", 2002.

ALICE SCHWARZER
PORTRÄTIERT
VORBILDER
UND IDOLE

Kiepenheuer & Witsch

1. Auflage 2003

© 2003 by Verlag Kiepenheuer & Witsch, Köln
© Für die einzelnen Texte bei Alice Schwarzer
Alle Rechte vorbehalten. Kein Teil des Werkes
darf in irgendeiner Form (durch Fotografie, Mikrofilm
oder ein anderes Verfahren) ohne schriftliche
Genehmigung des Verlages reproduziert oder unter
Verwendung elektronischer Systeme verarbeitet,
vervielfältigt oder verbreitet werden.

Umschlaggestaltung und Layout: Katja Stuke, Düsseldorf
Gesetzt aus der Times New Roman
bei Kalle Giese, Overath
Druck und Bindearbeiten: Clausen & Bosse, Leck
ISBN 3-462-03341-7

Inhalt

9 **Vorwort**

23 **Anke Engelke**, Komikerin – 2003

37 **Sandra Maischberger**, Journalistin – 2003

49 **Lale Akgün**, Therapeutin und Politikerin – 2003

63 **Franka Potente**, Schauspielerin – 2002

73 **Hildegard Knef** (1925-2002), Schauspielerin – 2002

79 **Christiane Nüsslein-Volhard**, Biochemikerin – 2001

93 **Regine Hildebrandt** (1941-2001), Politikerin – 2001

97 **Hannelore Elsner**, Schauspielerin – 2000

109 **Gerda Lerner**, Historikerin – 2000

125 **Irmtraud Morgner** (1933-1990), Schriftstellerin – 1998

133 **Prinzessin Diana** (1961-1997), Kindergärtnerin – 1997

141 **Brigitte Bardot**, Schauspielerin – 1996

149 **Elfriede Jelinek**, Schriftstellerin – 1989

167 **Pina Bausch**, Tanztheatermacherin – 1987

183 **Inge Meysel**, Schauspielerin – 1987

201 **Margarete Mitscherlich**, Psychoanalytikerin – 1985

221 **Simone de Beauvoir** (1908-1986), Schriftstellerin und Philosophin – 1982/99

235 **Bildnachweis**

Vorwort

Ein „Idol" im Sinne von „Bild, Wunschbild, Trugbild" (so der Brockhaus) sind unter den hier porträtierten Frauen nur zwei: Brigitte Bardot und die so früh gestorbene Prinzessin Diana. Bardot hat überlebt, Diana nicht. Die Kluft zwischen Darstellung („Die meistfotografierte Frau der Welt") und Realität (ein halt- und hilfloser Mensch) muss sie schier zerrissen haben. Am Beispiel dieser Frau, die mit 196 Sachen in den Tod gerast wurde, wird besonders deutlich, wie grausam die Rolle des Idols sein kann. „Vorbilder" ereilt ein solches Schicksal gemeinhin nicht. Und Vorbilder sind alle andern hier Versammelten allemal. Mal für die einen, mal für die anderen; mal auf eine mehr, mal auf eine weniger widersprüchliche Art.

Doch würden wir diese Frauen selbst fragen, ob sie sich als Vorbilder verstehen – die meisten von ihnen würden entschieden verneinen, ja erschrocken abwehren. Was nicht nur mit der über Jahrhunderte anerzogenen weiblichen Bescheidenheit und dem angetanen Unwertgefühl zu tun hat. Nur Anke Engelke, Protagonistin einer neuen Generation, sagt klar und selbstbewusst: „Ich will ein Role Model sein." – und übernimmt damit Verantwortung. Traditionell aber gibt es ein regelrechtes Verbot für Frauen, sich als Vorbild zu begreifen und zu vermitteln. Denn das hieße ja, dass eine Frau sich selber ernst nimmt. Das hieße, dass sie der Auffassung ist, sie habe Beispielhaftes geleistet. Das hieße, dass sie glaubt, sie sei prägend für den Lauf der Dinge und für nach ihr

Kommende. Kurzum, es hieße, dass sie sich erkühnt, aus der ersten Reihe vorzutreten – statt sich in der zweiten zu verstecken.

Das zu wagen, daran werden Frauen nicht nur von Männern gehindert, sie hindern sich auch selbst. Denn ihre Selbstverachtung impliziert immer auch Verachtung des eigenen Geschlechts. Aber eine, die sich nicht selbst verachtet, die stark ist und auch noch zu Recht stolz, die ist, ob sie will oder nicht, automatisch eine Herausforderung für alle Frauen: Seht her, es geht auch anders … Eine ernst gemeinte Solidarität ist darum – neben der offenen Austragung von inhaltlichen Differenzen und Kontroversen – immer auch an dem Ernstnehmen von Frauen durch Frauen zu erkennen und an ihrer Freude an weiblichen Vorbildern. Erste Schritte in diese Richtung sind in Ländern wie Amerika getan, wo das „Role Model" längst ein stehender Begriff ist und ohne jede Häme positiv benutzt wird im Zusammenhang mit benachteiligten Gruppen, wie Frauen oder Schwarze. Hierzulande kommt die Haltung gerade erst auf, vor allem bei den unter 30-Jährigen.

Traditionell ist es Frauen heute nur in einer Rolle gestattet, Vorbild zu sein: in der Rolle der Mutter. Und in der Tat sind die eigenen Mütter für zwei von drei Frauen das Vorbild Nr. 1, bei den vorbildhungrigen 14- bis 17-Jährigen sogar für drei von vier Töchtern (so ergab es im Jahr 2000 die repräsentative Umfrage einer Frauenzeitschrift). Aber noch nicht einmal dieser Trost wird den Frauen gegönnt. Wir begegnen in der Kultur zwar zuhauf Darstellungen des – in der Tat auch existierenden – Mütter-Töchter-Horrors in allen Varianten, doch wir erfahren kaum etwas über die positive Vorbild-Funktion so vieler Mütter für ihre Töchter.

Menschen brauchen Vorbilder. Vor allem, wenn sie jung und in der Orientierungsphase sind. Denn sie werden nicht von abstrakten Erkenntnissen und hehren Zielen ermutigt, sondern vom Stoff des Lebens: von Menschen, die ihnen vorleben, was möglich ist und was nicht. Doch „der" Mensch ist traditionell der Mann. Die Frau kommt nicht vor, sie steht daneben. Identifiziert eine Frau sich dennoch mit Männern, wird sie im allerbesten Falle ein halber Mann werden können. Sie wird, auch wenn sie noch so tüchtig und anpassungsbereit ist, nur Gast sein in den Männerbünden – und sich als Frau verleugnen müssen. Will eine Frau wirklich ihren Weg gehen, kann sie sich zwar auch von Männern ermutigen lassen, ja braucht in der Regel ihren Segen – wie im klassischen Fall der „Vatertochter", des mit dem Vater identifizierten Mädchens –, aber sie muss sich letztendlich auch an Frauen orientieren können. Denn steht sie nicht in der Tradition ihres eigenen Geschlechts, bleibt sie ein Strohhalm im Wind und ist leicht wieder wegzupusten.

Männer haben Vorbilder und Idole. Sie können wählen über mehrere Jahrtausende Geschichte: von Sokrates, Marx, Goethe, Einstein oder Picasso über Gandhi und Brandt bis zu einem Richard Gere oder Arnold Schwarzenegger. Auch Frauen könnten solche Vorbilder haben. Es mangelt nicht an weiblichen Persönlichkeiten und Stars in Geschichte wie Gegenwart. Denn auch Frauen haben trotz aller Widrigkeiten in allen Sparten der Gesellschaft immer wieder viel riskiert und Hervorragendes geleistet. Es wäre beliebig, die eine oder die andere zu nennen, zu viele kommen infrage. Doch es ist kein Zufall, dass zum Beispiel für das TV-Spektakel *Unsere Besten*, das im Herbst 2003 mit großem Presserummel ablief, als Vorgabe 300 Namen genannt wurden – aber nur 37 davon Frauen waren. Und wie zum Hohn fehlen auf einer solchen Liste fast alle, die in Vergangenheit oder Gegenwart wirklich Bedeutung hatten oder haben.

Was nicht überraschend ist. Frauen wird die Wahrnehmung als „vorbildhaft" meist schon zu Lebzeiten verwehrt. Nach ihrem Tode werden dann auch noch die raren Ausnahmen, die sich bei ihren ZeitgenossInnen einer relativen

Anerkennung, ja Berühmtheit erfreuten, flugs wieder in die Versenkung verstoßen. Ihr Werk wird ignoriert, manipuliert, vernichtet.

Der einzige Part, den man Frauen zugesteht, ist die surreale Rolle des „Idols", das in der Regel als Kunstgeschöpf aus Männerhand gilt (wie Marlene Dietrich, die von sich selbst sagte, sie sei nur das Werk Sternbergs). Das nebulöse Terrain des Idols aber verführt eher zu schwächenden Illusionen, statt zur stärkenden Ermutigung.

Vorbildsein ist unlösbar mit Machthaben verknüpft, und sei diese Macht auch noch so relativ. Und Macht ist nicht minder tabu für Frauen – wie für jede unterdrückte Gruppe, das war traditionell für Juden oder Schwarze nicht anders. In unseren modernen Gesellschaften aber werden die Machtlosen vom Griff zur Macht nicht mehr durch äußere Fesseln abgehalten, sondern durch innere. Und das so tief sitzende Desinteresse der Machtlosen an der Macht ist Voraussetzung für den Machterhalt der Machthaber. Frauen haben ihre Machtlosigkeit verinnerlicht, und die meisten verklären diese auch noch. Sie sind stolz darauf, keine Macht zu haben, oder kokettieren maximal mit der Macht innerhalb der Familie. Gesellschaftliche Macht scheint vielen Frauen das Böse an sich. Auch wenn sie in Wahrheit nach Macht streben, weisen sie dies gerne als Unterstellung weit von sich. Zumindest bisher war das so. Zu Beginn des 21. Jahrhunderts fängt es an, anders zu werden.

Wie alles bei Frauen ist auch die Machtfrage sexualisiert und der Wert oder Unwert einer Frau als Objekt davon betroffen. Mächtige Männer sind männlich, mächtige Frauen sind unweiblich. Mächtige Männer gelten als erotisch, mächtige Frauen als abtörnend. Männer können sich ihrer Macht brüsten, Frauen müssen sich für Macht entschuldigen. Frauen müssen sich also entscheiden: Wollen sie Macht haben – oder wollen sie begehrt/geliebt werden? Da der

Wert einer Frau traditionell von ihrem Begehrtwerden abhängig ist, lautet die Entscheidung einer Frau gemeinhin: Lieber machtlos sein und begehrt werden! Bei Frauen, die Macht wollen, aber nicht dazu stehen, führt dies häufig zu bigotten Inszenierungen des Stils: innen hart wie Kruppstahl und außen gewandet in rosa Zuckerguss; Befehle erteilen, aber mit Piepsstimmchen; Interessen durchsetzen und dabei mit den Wimpern klimpern.

Die ganze Welt konnte über Jahre den Zickzackkurs von Hillary Clinton als First Lady beobachten: Sie wechselte quasi wöchentlich die Frisur, um ihren Kopf zu verstecken. Jetzt, wo Hillary Rodham Clinton Kurs genommen hat auf Ms. President, liegt ihr Haar in betongeronnener Verkörperung des Männlich/Weiblichen (forsch kurz, aber mit Wellen) wie ein Schutzhelm um ihren Kopf. Ob Hillary in Zukunft „männlich" *und* „weiblich" zugleich, eben einfach menschlich sein wird, oder ob sich unter der weiblichen Maskerade nur noch traditionell männliches Machtstreben verbirgt – also eines, das Schwächere und damit auch die Frauen vergisst –, muss sich noch erweisen.

Ganz wie bei der deutschen Hillary-Variante, deren Stress mit dem Dress die Nation ebenfalls seit Jahren verfolgt. Anfang der 90er musste die frisch aus dem Osten importierte Angela Merkel sich noch als „das Mädel" von Kohl mit den Rüschenkragen vorführen lassen. Seither sind ihre Kleidung und ihre Frisur Dauerthema, weit vor ihrer Politik. Aufatmen bei den mitleidenden – weil mitgemeinten – Frauen, als Merkel sich als Vorsitzende zum sachlichen schwarzen Anzug durchrang. Greift sie ab und an dennoch zum Rock, pflegen das auch Feministinnen vor dem Fernseher zu kommentieren: zu kurz, zu lang, zu tantig, zu spießig ... Es scheint schier unlösbar: Wie kann eine Frau bestehen in den Männerriegen, ohne sich entweder selbstverleugnerisch anzupassen – oder aber selbsterniedrigend anzubiedern? Zu lange gehörten Frauen einfach nicht dazu, waren sie die Anderen, die Fremden. Und sie sind es noch. Die Spielregeln machen weiterhin die Männer.

Die Kleiderfrage ist als Teil der Gesamtinszenierung also eine hoch politische Frage für alle Karrierefrauen. Das gilt selbstverständlich auch in der Kultur und in der Wirtschaft. Neuere internationale Studien zeigen, dass die so genannten soft skills – also die Inszenierungen und Eigenschaften, die traditionell Frauen zugewiesen werden, wie Emotionalität und Einfühlungsvermögen – zwar hoch willkommen sind zum Schmieren der verhärteten Berufswelt, den Frauen selbst aber eher schaden als nutzen. Weibliche Eigenschaften bei Chefinnen werden von Untergebenen genossen, aber nicht geachtet. Und die gelangen auf die weibliche Tour nur bis in die zweite Reihe, in der ersten aber sitzen weiterhin Männer – und die raren „männlichen" Ausnahmefrauen. Denn wirklich nach vorne im patriarchalen System kamen bisher nur die Frauen, die sich den Männern anpassen. Doch auch die bleiben, wie gesagt, irgendwie auf der Strecke. Man spricht ihnen entweder die „Weiblichkeit" sofort ab – und damit das Begehrtwerden – oder stößt sie mit spätestens Mitte/Ende Vierzig in die Unsichtbarkeit. Bisher zumindest war das so.

Jetzt tritt eine neue Frauengeneration an, die hofft, dass es ihr nicht so ergehen werde. Sie ist natürlich nicht die erste Generation, die das glaubt. Aber sie weiß das nicht, weil sie die vorhergehende nicht fragt und sich – wieder mal – opportunistisch spalten lässt in die „Jungen von heute" gegen die „Alten von gestern". Soll sich jedoch das Gewohnte morgen nicht wiederholen, muss heute gegengearbeitet werden. Und das geht nur via Schulterschluss der Generationen.

In diesem Band begegnen sich zwei, ja drei Generationen: die frühen Pionierinnen, die sich noch vor der Neuen Frauenbewegung halbwegs durchgesetzt hatten; die Frauenbewegten, die selbst Teil des Aufbruchs der Frauen sind; und die Töchter der Emanzipation. Werden auch diese Generationen sich wieder spalten lassen? Oder werden sie voneinander lernen? Mit der Antwort auf diese Frage steht und fällt die Zukunft der Frauen.

Als ich 1989 eine erste Sammlung meiner Frauenporträts und -gespräche veröffentlichte, schrieb ich: „Die erfolgreiche Frau ist immer eine ›männliche‹ Frau und wird nur in drei Varianten geduldet: Entweder sie hat einen geschlechtsneutralen Auftritt, ist ›weder Fisch noch Fleisch‹ (Karrierepolitikerinnen wählen gerne diese Lösung). Oder sie inszeniert sich betont weiblich (eine Variante, die in der Kultur häufig anzutreffen ist). Oder aber sie tritt, quasi transvestitisch, resolut männlich auf (vorwiegend in der Wissenschaft und Wirtschaft). Und dann gibt es noch eine vierte, moderne und besonders schizophrene Variante: die Karrierefrau, die nach außen ›ganz Frau geblieben‹ ist, hinter den Kulissen aber hart durchzieht wie ein Kerl."

Dazu kommt jetzt eine fünfte Variante: die Frau, die sich nicht mehr zwingen lassen will zu wählen, die gleichzeitig ein weibliches *und* ein männliches Leben leben will. Das sind die Töchter der Emanzipation, denen erzählt wurde: Du kannst alles! Sie haben nicht selten wohlwollende Väter und emanzipationsfördernde Mütter. Und sie mischen Gelassenheit mit Gerissenheit. Denn sie haben gesehen, wie ihre Mütter sich die Köpfe blutig gestoßen haben. Und sie glauben ans Ziel kommen zu können, ohne den gleichen Preis dafür zu zahlen.

Diese Töchter kennen sich aus. Sie sind kompetent und allemal tüchtiger als vergleichbare Männer, sonst wären sie gar nicht bis dahin gekommen. Sie wollen „einfach nur Mensch" sein und sich nicht länger einschließen lassen in der Frauenecke, weder von Männern noch von Frauen. Sie leben aber leider in einer Welt, in der Frauen weit davon entfernt sind, einfach nur Mensch sein zu dürfen, sondern noch immer – und neuerdings wieder verschärft – an der Frauenelle gemessen und auf ihr Frausein zurückgeworfen werden.

Symptomatisch dafür war im Sommer 2003 ein Feuilleton-Spektakel über die angebliche „Männerdämmerung", heraufbeschworen von *FAZ*-Herausgeber Frank Schirrmacher, 44. Von einer „Unterwerfung" der Männer durch die „mächtigen Frauen" war da wohlig-erschauernd die Rede (die „hohe Frau"lässt grüßen). Und davon, wie das alles nochmal enden könnte: in der Vernichtung der Männer! So wie bei Judith, die König Holofernes enthauptete; oder bei Charlotte Corday, die Revolutionsheld Marat in der Badewanne killte; oder bei „Katharina", wie Schirrmacher familiär „die Große" und bedeutendste Herrscherin der westlichen Geschichte nennt, die, so wispern gekränkte Männerphantasien bis heute, es in ihrer unersättlichen sexuellen Potenz mit Pferden getrieben haben soll. – Machtübernahme der Frauen oder Domina-Phantasien der Männer? Wohl eher Letzteres.

Doch von wem droht, glauben wir der *FAZ*, dem starken Geschlecht eigentlich die tödliche Gefahr? Von den TV-Moderatorinnen Christiansen, Maischberger, Illner, Will und Slomka – ausgerechnet; und von den Verleger-Gattinnen bzw. -Witwen Mohn, Springer, Berkewicz dazu. Denn „die entscheidenden Produktionsmittel zur Massen- und Bewusstseinsbildung in Deutschland liegen mittlerweile in der Hand von Frauen", menetekelt Schirrmacher. „Insgesamt sind fast achtzig Prozent der Bewusstseinsindustrie in weiblicher Hand." Und von wem diese Hände sind! „Eine Telefonistin, ein Kindermädchen, eine Schauspielerin und Schriftstellerin und eine Stewardess definieren das Land", stöhnt der studierte Schirrmacher.

Da werden jenseits aller Logik Äpfel und Birnen, quotenabhängige Journalistinnen und unabhängige Unternehmerinnen durcheinander geworfen. Auch hat noch nicht eine der Genannten bisher durchblicken lassen, dass sie es anders machen wolle als die Männer oder gar ihre Macht pro Frauen zu nutzen gedenke. Macht nichts. So ein *FAZ*-Feuilletonist, der kann schreiben, was er will, ohne ernsthaft Gefahr zu laufen, lächerlich zu sein – und solche Frauen, die können leisten, was sie wollen, sie werden immer wieder im Handumdrehen zu ridikülisieren sein. Schon qua Geschlecht und einschlägiger Vergangenheit (Sekretärin, Hausfrau). Und sie bleiben Objekt – unabhängig von Kontostand und Qualifikations- bzw. Bekanntheitsgrad – und als solches Vorlage für schlüpfrige Männerphantasien.

Nach der Schirrmacher-Veröffentlichung griffen mehrere weibliche Edelfedern in Folge zum Laptop und stellten zu Recht klar, dass auch Nobelpreisträger Grass mal Steinmetz war und Außenminister Fischer Taxifahrer. Und sie erinnerten daran, dass, keine Sorge, 95 Prozent der Produktionsmittel und 99 Prozent der Alphajobs weiterhin fest in Männerfaust seien.

Aber das alles weiß auch der Feuilletonchef der *FAZ*, denn es steht ja täglich in seinem Wirtschaftsteil. Und darum geht es ihm auch gar nicht. Es geht ihm ganz einfach um die grundsätzliche und routinemäßige Feststellung und Festschreibung: Eine Frau bleibt eine Frau bleibt eine Frau.

Und in der Tat, es ist was dran. Denn auch und gerade starke Frauen entkommen dem Nachweis der „Weiblichkeit" nicht. So spielen bei dem aktuellen Schub weiblicher TV-Moderatorinnen einerseits zweifellos traditionell „weibliche" Stärken wie Einfühlungsvermögen und Kommunikationsfähigkeit eine Rolle. Aber es ist andererseits auch ein Trick in Zeiten der Forderung nach Partizipation, Frauen auf der Bühne vortanzen zu lassen, während Männer hinter den Kulissen die Strippen ziehen – und dann gerade diese Frauen gleichzeitig zur demütigen Demonstration von „Weiblichkeit" zu nötigen.

Bis vor gar nicht allzu langer Zeit gab es den Druck zur ewigen Jugend, Schlankheit und Faltenlosigkeit nur für Models und andere Berufsschönheiten. Es ist relativ neu und Tag für Tag im Fernsehen zu sehen, dass sich jetzt zum Beispiel auch Journalistinnen dem beugen müssen. So erklärte vorauseilend Barbara Dickmann, die einst als erste *Tagesthemen*-Moderatorin beeindruckte und jetzt die Leitung der Frauensendung *Mona Lisa* übernimmt, unaufgefordert öffentlich, sie wolle nicht moderieren, denn sie „habe keine Lust, die Altersdiskussion überhaupt erst aufkommen zu lassen". Dickmann ist 61 Jahre alt – und damit so alt wie Wickert und jünger als so mancher der mehr oder meist weniger charismatischen Männer, die wenig Scheu zeigen, ihre altersgemäßen Gesichter in die Kamera zu halten.

Erschwerend hinzu kommt ein spezifisch deutsches Erbe, das alle Vorbilder und Idole trifft, nicht nur die weiblichen: Die Deutschen tun sich schwer mit ihren Stars. Sie heben sie gern in den Himmel, um sie dann umso tiefer wieder fallen lassen zu können. Die Häme gegenüber „Promis" scheint hierzulande besonders verbreitet. Was auch daran liegt, dass die Deutschen sich vor nicht allzu langer Zeit so schrecklich verrannt haben mit ihrer Begeisterungsfähigkeit. Und weil das Trauma ihrer Hitler-Verehrung immer noch nicht verarbeitet ist, reagieren sie eben einfach abwertend.

Diese typisch deutsche Haltung hat auch die Söhne, die 68er, so besonders bigott gemacht. Denn sie haben, stramm basisdemokratisch, einerseits angeblich jegliche „Elite" abgelehnt, aber im selben Atemzug eine neue *männliche* Elite und Ideologie geschaffen, von Che Guevara bis Mao. Nur die 68er*innen* haben das mit der Basisdemokratie anscheinend ernst genommen: Sie haben „Wir" gesagt, noch bevor sie gelernt hatten, „Ich" zu sagen. Mit dem Resultat, dass die 68er-Geschichtsschreibung, die sich zwangsläufig auch an Personen festmacht, ganz und gar ohne sie stattfindet.

Wir sehen, es ist noch ein weiter Weg. Und auch wenn die in diesem Band porträtierten Frauen das überwiegend gelassen sehen und meist klarsichtig sind, sind sie, bei allen Unterschieden, dennoch alle betroffen vom deutschen wie vom patriarchalen Blick. Wie ihre Auswahl zustande kam? Nicht nur, aber auch zufällig. Es fehlt so manche, die mich gerade in dieser Riege besonders interessiert hätte. Aber meine Arbeit als *EMMA*-Macherin lässt mir oft nicht die Zeit und Muße für alle Begegnungen und Gespräche, die mir wichtig wären. Dafür gäbe es andererseits die meisten dieser Texte nicht, wenn sie nicht in *EMMA* hätten erscheinen können. Denn die de facto weiterhin männerdominierten Medien sind in der Regel nicht sonderlich interessiert an Darstellungen von Frauen, die weder sexualisiert und voyeuristisch noch (ver)urteilend sind, sondern einfach nur informieren und verstehen wollen.

Ich habe hier viel von den Barrieren und Fallen gesprochen, die Frauen auf dem Weg nach vorn zu überwinden und zu überleben haben. Was aber wäre die richtige Strategie? Das eine tun, ohne das andere zu lassen! Denn ob sie will oder nicht, auch die tüchtigste und erfolgreichste Frau wird nie als Individuum, sondern immer nur als Angehörige ihrer Gattung wahrgenommen. Sie kann es darum alleine gar nicht schaffen. Vergisst sie, dass sie eine Frau ist, werden die Männer (und ihre Weibchen) es ihr nur umso schmerzlicher wieder bewusst machen. Darum: „Wohin du gehst, nimm immer eine Frau mit." So lautet der goldene Satz von Gloria Steinem, der Gründerin von *Ms.* (der amerikanischen *EMMA*). – Will sagen: Allein bist du verloren. Und: Es kann nicht nur um individuellen Erfolg gehen, es muss um den Erfolg der ganzen Gattung gehen. Denn die Männerbünde lassen keine durch, und wenn, dann nur auf Zeit. Wann diese Zeit abgelaufen ist, bestimmen sie.

Sicher, ohne Kompromisse geht es nicht, aber wenn

schon, dann bitte nur bewusst und dosiert. Der einzige Weg mit Zukunft scheint mir die Gradwanderung der Doppelstrategie: Frauen müssen so tüchtig sein wie Männer, ja tüchtiger – sie dürfen aber nicht vergessen, dass sie Frauen sind. Vergessen sie es, verlieren sie ihre Identität und ihre Wurzeln – und damit ihre originäre Kraft. Nur die Frau, die im vollen Bewusstsein um ihr Frausein gleichzeitig die „männliche Anmaßung" (Jelinek) wagt, kann ein echtes Gegenüber für Männer sein.

Doch, auch die Frau, die nicht auf der Höhe dieses so schwer erreichbaren Ideals ist, aber dennoch öffentlich existiert, hat immer auch eine ermutigende Funktion für alle Frauen. Egal, ob sie das beabsichtigt, wie Simone de Beauvoir, oder nicht, wie Marion Dönhoff. Denn ihre Existenz beweist, dass es möglich ist: dass Mensch eine Frau sein kann, und dennoch Nobelpreisträgerin oder Schriftstellerin oder Komikerin etc. Darum ist – unabhängig vom jeweiligen Bewusstsein – jede Frau, die aus der Reihe der weiblichen Tradition tritt, eine Rollenbrecherin und Wegbereiterin für alle Frauen.

Alice Schwarzer, September 2003

Anke Engelke, Komikerin

Wir treffen uns bei ihr, in dem familiengerechten Häuschen mit Vorgarten in der Vorstadt. Emma ist heute beim Vater. Also hat sie Zeit. Sie hat gekocht. Vegetarisch. Aber erst hokken wir uns an den Küchentisch und reden. Ein, zwei, drei Stunden lang.

Alice Schwarzer Deine öffentlichen Liebeserklärungen an Harald Schmidt häufen sich. Aber Hunde, die laut bellen, beißen ja angeblich nicht.

Anke Engelke Da wird nie was sein. Der interessiert sich einen Scheiß für mich.

Schwarzer Glaube ich nicht. Ich glaube, dass diese Art Mann eher Angst vor dir hat. Vielleicht solltest du ihn mal öffentlich küssen? So wie Madonna Britney Spears!

Engelke Wenn du es mir erlaubst, tu ich's glatt!

Schwarzer Aber vermutlich wäre das nicht so wirklich komisch. Und sinnlich schon gar nicht ... Auch Madonna hat es vermutlich nur getan, weil sie ihr zunehmend biederes Image wieder auf sündig polieren wollte. Das hast du ja nicht nötig.

Engelke Ich finde, Madonna sollte auch souveräner die Showtreppe runter gehen. Aber sie hat offensichtlich Angst, zu fallen.

Schwarzer Das Problem ist, dass ihre Bedürftigkeit zu spüren ist. Diese Blöße darf eine Frau sich nie öffentlich geben.

Engelke Wie alt ist sie jetzt eigentlich?

Schwarzer Mitte vierzig ...?

Engelke Wann soll ich eigentlich aufhören?

Schwarzer Gar nicht! Komisch kann man bis 100 sein.

Engelke Wo? Auf dem Mond? Im deutschen Fernsehen auf jeden Fall nicht. Da sehen ja sogar die Journalistinnen aus wie die Models.

Schwarzer Stört dich das?

Engelke Ja! Ich möchte diese ganze glatte Fassade runterreißen. Ich möchte zeigen, was dahinter steckt.

Schwarzer Und was steckt dahinter?

Engelke Betrug. Ich werde ja immer wieder mal gefragt, ob ich nicht in einer dieser Jurys der Superstars mitmache. Nein danke! Ich habe keinen Bock, da einmal die Woche neben irgendwelchen operierten Tanten zu sitzen. Ich will mein Glück nicht auf Jungsein, Schlanksein, Schönsein aufbauen. Ich will mehr.

Schwarzer Aber du machst ja auch scharfe Auftritte.

Engelke Okay. Aber dann sollen die Mädchen und Frauen auch wissen, wie die zustande kommen. Dass ich vor dem Auftritt drei Stunden in der Maske sitze. Und dann noch stundenlang ausgeleuchtet werde. Neulich zum Beispiel habe ich eine Fotostrecke für *Petra* in London gemacht. Die Fotos sind unglaublich erotisch und lecker geworden. Aber das war eine Schweinearbeit! Sieben Stunden lang mit eingezogenem nackten Bauch in der Windmaschine. Ein ganzer Tag harte Arbeit. Alles nur gespielt – und kolossal entspannend, wenn ich dann zu Hause den Bauch hängen lassen kann. Es wäre toll, wenn alle jungen Mädchen so was mal erleben könnten: einmal Star sein, aber dann auch wieder runter von der Bühne und runter mit dem Make-up. Und wissen, die Leute, die sich danach noch für dich interessieren, das sind die richtigen.

Schwarzer Und das ist ja noch nicht alles. Diese Kunstfotos werden dann auch noch retuschiert.

Engelke Alles wird total retuschiert. Ich zum Beispiel bin behaart auf den Armen und habe eine dicke Querfalte auf der Stirn – von all dem ist dann nix mehr zu sehen. Das Bild, das ich dann in der Öffentlichkeit gebe, ist nur eine Rolle.

Schwarzer Eine Rolle, die für Realität gehalten wird – und andere Frauen im realen Leben einschüchtert.

Engelke Darum muss ich darüber reden. Die Mädchen und Frauen sollen wissen, dass diese Glamour-Frauen, die sie sehen, alle Ersatzteillager sind. Ich will niemandem zu nahe treten, aber zum Beispiel Jeanette Biedermann, die ist noch keine 20, wirkt aber wie eine geliftete 40-Jährige. Aber die kleinen Mädchen, die ihre Platten kaufen, wollen wie Jeanette Biedermann aussehen ...

Schwarzer ... dabei sieht Jeanette Biedermann selber nicht aus wie Jeanette Biedermann.

Engelke Genau, eher wie eine Barbiepuppe. Total unecht. Ich will so was nicht. Ich will kein Model, ich will ein Role Model sein.

Schwarzer Was verstehst du darunter?

Engelke Ich finde es super, wenn kleine pickelige Mädchen mich toll finden und verstehen: Man kann hübsch aussehen, muss aber nicht. Viel wichtiger ist für die, dass ich lustig bin und mich traue, auch hässlich zu sein.

Schwarzer Sie finden natürlich auch toll, dass du eine begehrte Frau bist.

Engelke Tja, viel Zeit habe ich ja nicht mehr. Lange kann ich nicht mehr behaupten, jung zu sein. Und ich muss aufpassen, dass ich mich nicht anbiedere. Dass ich den 14-Jährigen nicht vorgaukele: Ich bin eine von euch, ich weiß, wie ihr lebt. Irgendwann weiß ich es nämlich nicht mehr. Aber ich kann ihnen immer sagen: Es ist okay, dass ihr es klasse findet, ein Popstar zu sein. Nur, das ist eine Ausnahmesituation, die nichts mit eurem Leben zu tun hat. Ihr müsst überlegen, warum ihr es toll findet, vor anderen aufzutreten, von Fremden erkannt zu werden – und diese Erkenntnisse

25

dann in euren Alltag mit reinnehmen. Denn letztendlich geht es einzig und allein darum, das Selbstbewusstsein zu stärken.

Schwarzer Rezipieren Frauen dich eigentlich anders als Männer?

Engelke Nee, null. Frauen kommen und fragen mich nach einem Autogramm für sich und für ihre Männer – und Männer fragen mich nach einem Autogramm für sich und für ihre Frauen. Nur die männlichen Journalisten reagieren oft anders, finden meine Sketche „männerfeindlich" oder dass „die Männer immer Opfer sind". So ein Quatsch. Ich möchte auch gar nicht, dass die Leute sich wegen mir streiten, Stil: Was, die findest du toll? Nö, die ganze Familie soll mich mögen. Ich will keinem einzigen Mitglied der Familie etwas vormachen. Weder den kleinen pubertierenden Mädchen, noch den Männern und schon gar nicht den älter werdenden Frauen. Ich will alle Facetten zeigen können, die gehören alle zu mir.

Schwarzer In zwei Jahren wirst du 40 – und dann?

Engelke Älterwerden finde ich sehr entspannend. Ich mache mir nur über eines Gedanken: ab wann ich mich lächerlich mache. Ich schimpfe ja immer über Frauen, die sich lächerlich machen und will nicht, dass mir das passiert.

Schwarzer Meinst du, es wird dir schwer fallen, dich von dem Etikett „sexy" zu verabschieden?

Engelke Nein. Ich definiere mich ja nicht darüber. Für mich ist das Älterwerden eine große Herausforderung. Ich bin die erste im aktuellen Showgeschäft, die so jung angefangen hat und jetzt öffentlich älter wird, ohne sich raffen oder botoxen zu lassen. Und ohne dauernd zwanghaft beweisen zu wollen, dass ich auch über 40, 50 oder 60 „noch sexy" bin, wie Iris Berben oder Hannelore Elsner. Was soll das, Schönheit auf eine Zahl zu reduzieren?

Schwarzer Und wie soll das bei dir gehen?

Engelke Das weiß ich noch nicht. Jetzt rede ich so schlau. Hoffentlich kriege ich es auch hin. Aber ich muss! Ich hänge ja jetzt die Messlatte so hoch – eben Frau zu sein und Würde zu haben – dass mir gar nichts anderes übrig bleibt. Noch hängt ja das Etikett „frech" an mir – wie übrigens auch an dir. Und frech hat ja immer auch was mit jugendlich zu tun.

Schwarzer Und noch hängt auch das Etikett „sexy" an dir.

Engelke Mmm. Gab es eigentlich früher schon Komikerinnen, die auch sexy waren?

Schwarzer (überlegt) Helen Vita?

Engelke Und Lieselotte Pulver in „Eins, zwei, drei". Da war sie Monroe!

Schwarzer Marilyn ... Das war ja ihr Geheimnis, nicht nur sexy zu sein, sondern auch komisch. Und rührend. Sie hat nie nur aufs Sexysein gebaut.

Engelke Sie hat sich nie über Männer definiert, sie war immer selbstkritisch. Und lernbegierig. Und mutig.

Schwarzer Du hast ja zum ersten Mal mit 19 eins reingekriegt, als Moderatorin im ZDF bist du als „zu dick" rausbugsiert worden. Hatte das Folgen für dich?

Engelke Ich habe erstmal verdrängt. Studiert und Rundfunk gemacht, da sah mich ja niemand. Aber ich habe ab da natürlich alle Diäten gemacht, die es überhaupt gab. Ich kenn' mich in diesen Jahren nur diätend. So was beschäftigt einen den ganzen Tag. Dieser Blick von außen. Wenn du dir in der Kantine einen Nachtisch nimmst, heißt es: Lass mal Anke, nimm lieber einen Apfel. – Das ist fürchterlich demütigend!

Schwarzer Aber du bist nicht in richtige Essstörungen gekippt?

Engelke Gott sei Dank nicht. Ich war wohl doch zu stabil dafür. Aber es hätte mich leicht erwischen können, die Zielgruppe war ich. Dabei fand ich mich selber gar nicht hässlich. Ich war nur moppelig, ein pubertierender Teenie eben.

Aber ich habe gespürt, dass man von mir erwartet, dünn zu sein.

Schwarzer In der Zeit hattest du ja deinen ersten Freund. Hat der das auch erwartet?

Engelke Zwischen uns war das nie Thema. Das kam nur von außen. Vor allem vom Fernsehen.

Schwarzer Und heute? Ist es da noch ein Thema?

Engelke Nein. Das ist mir scheißegal.

Schwarzer Aber du bist ziemlich schlank.

Engelke Irgendwann nach all den Wunderdiäten hab ich das vegetarische Essen entdeckt. Und dabei bin ich geblieben. Kam mir auch entgegen wegen der Tiertransporte und so.

Schwarzer Angefangen hast du ja – nach deiner Entdeckung im Schulchor mit elf – als Kinderreporterin für den Rundfunk. Einmal hast du, glaube ich, sogar Astrid Lindgren interviewt ...

Engelke Das war toll! Zwei Stunden in ihrer Küche. Und die hat mich richtig ernst genommen. Und mir danach noch eine Postkarte geschickt. Kann ich dir zeigen.

Schwarzer Auch später beim SWF warst du Moderatorin und Interviewerin. An welchem Punkt hast du eigentlich den Schritt in die Schauspielerei gemacht?

Engelke In Wahrheit habe ich doch schon als Moderatorin in den Talkrunden gespielt und geheuchelt. Zum Beispiel, wenn ich Rainer Langhans zum „Konzept Harem" zu befragen hatte.

Schwarzer Oh Gott! Wann war das denn?

Engelke Vor acht Jahren, in einer Jugendsendung für den Südwestfunk. Du heuchelst ja all den Menschen, die mit dir im Studio sitzen, vor: Ich tu dir nichts. Aber in Wahrheit willst du, dass es eine interessante Runde wird. Du willst sie sehenswert machen, besonders. Ich möchte, dass Menschen durch Sendungen von mir Anstöße kriegen, dass sie danach Neues und Anderes sehen oder denken. Und das ist im Journalismus unter den herrschenden Bedingungen – 30 oder maximal 60 Minuten für eine Sendung – fast nicht zu leisten. Ich war hinterher nie zufrieden. Darum habe ich damit angefangen, meine gesammelten Erfahrungen zu verdichten, zu pointieren, zu parodieren.

Schwarzer Wie bereitest du dich denn vor, wenn du deine Prototypen und Personen entwickelst?

Engelke Das sind nie real existierende Personen. Ich bau' mir die immer aus ganz vielen Details zusammen.

Schwarzer In *Blind Date* – wo ihr, Olli Dittrich und du, vorher beide nur den Ort der Begegnung kennt und alles andere improvisiert – spielst du ja völlig unterschiedliche Charaktere: von der burschikosen Taxifahrerin bis zur zickigen Hotelmanagerin. In jeder wird auch ein Stück von dir selbst drin stecken, aber nicht nur.

Engelke Ich stelle mir immer erst mal vor, wie sie aussieht, gehe also von außen nach innen. Sobald der Ort feststeht, fliegen mir die biografischen Fetzen entgegen. Wie im Zugabteil. Das wusste ich: Sie fährt nur ausnahmsweise Zug, weil sie einen Autounfall hatte (deshalb die Halskrause). Sie kommt aus gutem Hause, hat eine qualifizierte Ausbildung und den Druck anspruchsvoller Eltern. Bei der Taxifahrerin Ruth hingegen wusste ich: Ich bin eine sehr bodenständige Person, nicht aufgetakelt, und bin täglich mit so vielen Leuten und Geschichten konfrontiert, dass ich selber sehr straight sein muss. In der Zeit bin ich in den Wochen davor dann einfach ein bisschen mehr Taxi gefahren, habe noch genauer hingeguckt.

Schwarzer Gleichzeitig war diese Ruth sehr verletzlich.

Engelke Ja, sie war ganz zart. Und hatte so eine schlimme Geschichte. Mit dem Kind, das der Ex-Mann ihr weggenommen hatte ... Sie hatte ein Geheimnis. Ich möchte, dass meine Figuren alle ein Geheimnis haben. Dass man mehrfach reinbeißen muss, um dieses Geheimnis zu schmecken.

Schwarzer Aber man kriegt es trotzdem nicht zu fassen. Der Kern des Geheimnisses wird nur gestreift.

Engelke So ist es ja auch im Leben.

Schwarzer Weißt du immer, was deine Figuren im nächsten Augenblick tun werden? Oder verselbständigen die sich manchmal?

Engelke Du baust 50 Prozent dieser Person – und wenn sie dann losgeht, hast du keine Kontrolle mehr. Dann kann es richtig gefährlich werden. Ich weiß oft selbst nicht, was die im nächsten Augenblick alles tun wird.

Schwarzer Bei dir wechseln sich ja die Perioden von Drehzeiten und Pausen extrem ab. Die Drehmonate mit einem 12-Stunden-Tag ...

Engelke ... 16-Stunden-Tag! Bei *Ladykracher* arbeiten wir von morgens sechs bis abends zehn.

Schwarzer Hast du das immer so durchgezogen, auch nachdem deine Tochter auf der Welt war?

Engelke Ich bin zehn Tage nach der Geburt – die nicht einfach war, Kaiserschnitt! – wieder voll reingesprungen. Ich hatte einfach Angst, meinen Job zu verlieren. Denn während ich im Krankenhaus war, sah ich in der *Wochenshow*, dass man in der Sendung Ersatz für mich hatte, mit eingeblendeter Bauchbinde „Schwangerschaftsvertretung". Sehr lustig, aber ich fand das gar nicht. Ich dachte: Moment mal ... So selbstbewusst war ich noch nicht, dass ich mich für unentbehrlich hielt. Und ich hätte das auch anmaßend gefunden. Aber ich hatte das große Glück, dass es kein Problem für Emmas Vater war, zurückzustecken und zu Hause zu arbeiten. Im Gegenteil, Andreas hat das regelrecht genossen, seine Musik zu Hause zu komponieren. Wenn ich nach der Arbeit nach Hause kam, habe ich dann Emma übernommen, eingekauft, gekocht. Ich liebe das! Wenn ich so den ganzen Tag lang oder Monate lang gedreht habe, bin ich gerne für ein paar Wochen Hausfrau. Aber es ist natürlich ein

Luxus, dass ich beide Extreme leben kann: da ein totales Rockleben und hier dann die fürsorgliche Mutter, die sich darum kümmert, dass Emma pünktlich zur Schule geht und der Füller im Ranzen ist. Na ja, und dann hatte ich natürlich von Anfang an auch noch meine Eltern im Rücken, die beide begeistert sind, wenn sie Emma nehmen können.

Schwarzer Und wie läuft das jetzt, nach der Trennung vor vier Jahren?

Engelke Wir sprechen uns ab, machen sehr genau Pläne, immer gleich für zwei, drei Monate. Wer hat wann Termine? Wann hat Emma Kindergeburtstage? Für die kaufe meistens ich die Geschenke, weil ich besser weiß, was kleine Mädchen wollen.

Schwarzer Ist Emmas Leben bei Mutter oder Vater unterschiedlich? Und versucht sie vielleicht sogar manchmal, euch gegeneinander auszuspielen?

Engelke Nein, das hat sie noch nie gemacht. Aber bei mir ist sie sehr Mädchen – mit Prinzessinnenkleidchen, Schminke, Tanzen – und beim Vater geht sie eher mit Fußball spielen und so. Die Mütter ihrer Freundinnen erkennen schon an Emmas Frisur, ob sie gerade Mutterwoche hat oder Vaterwoche: Beim Vater trägt sie einen praktischen Pferdeschwanz, bei der Mutter hat sie Zöpfe und Spangen.

Schwarzer Wenn ich dich mit Emma erlebe, fällt mir auf, dass du einerseits sehr spielerisch mit ihr umgehst, andererseits aber auch sehr streng sein kannst.

Engelke Ja, ich erziehe Emma durchaus auch so, wie meine Eltern mich erzogen haben. Doch mir gefällt es, ein bisschen mehr Raum zu lassen, eben spielerischer zu sein. Kinder wollen ja alle so gerne spielen, die Welt ist viel zu erwachsen für sie. Aber wenn es acht ist, ist es acht, dann muss sie ins Bett. Egal wie albern wir vorher zusammen waren. Ich hoffe, ich überfordere sie damit nicht. Aber ich glaube, sie versteht, dass mit mir alles hundertprozentig ist: der Spaß und auch der Ernst. Auch wenn wir zusammen verreisen, was wir oft tun, richte ich mich nach ihr und sie sich nach mir. Im Sommer wollte sie unbedingt nach Venedig, weil sie einen Film gesehen hatte, wo Venedig bald untergeht. Und vorher wollte sie noch einmal hin. Also haben wir vormittags am Lido gebadet und sind nachmittags in die Ausstellungen auf der Biennale gegangen. Ich wäre ganz gern in den deutschen Pavillon gegangen, aber sie wollte lieber in den russischen, weil da so ganz naturalistische, bunte Bilder hingen – na, dann gehe ich halt ein andermal in den deutschen.

Schwarzer Ihr seid nicht nur Mutter und Tochter, ihr seid auch Schwestern.

Engelke Genau!

Schwarzer Und ist Emma manchmal auch deine Mutter?

Engelke (überlegt länger) Ja. Sie kopiert dann meine Mutter. So wie neulich, als ich Mittelohrentzündung hatte. Da hat sie mich sehr streng ermahnt und war ganz schrecklich vernünftig.

Schwarzer Emma geht auf eine internationale Schule.

Engelke Weil ich's gut finde, dass sie genau wie ich von Anfang an viele Sprachen spricht. Das finde ich ganz wichtig. Ich bin ja in Montreal geboren, weil mein Vater, ein Kaufmann, einfach gerne in Kanada leben wollte. Am Küchentisch haben wir, meine Schwester und ich, Deutsch gesprochen, auf der Straße Englisch und Französisch. Als wir dann nach Rösrath gezogen sind, habe ich das Französisch ein wenig verloren. Ich war ja erst fünf. Und inzwischen verbessert Emma mein amerikanisch-kanadisches Kauderwelsch.

Schwarzer Was hat eigentlich deine Mutter gemacht?

Engelke Erstmal ist sie wegen meinem Vater nach Kanada gezogen. In Deutschland war sie dann wieder berufstätig, bei einer Werbeagentur. Und wir waren begeisterte Schlüsselkinder! Man kam nach Hause, da stand das Essen warm – und dann waren wir frei. Ich fand das immer gut.

Schwarzer Sieht Emma dich eigentlich manchmal im Fernsehen?

Engelke Nie direkt. Ich zeige ihr aber auf Video diese oder jene Szene, die kindgerecht ist.

Schwarzer Auch die, wo du eine Mutter spielst, die ihr Kind fertig macht, weil es ihr keine Freisprechanlage schenkt, sondern nur eine selbstgebastelte Holzente?

Engelke (lacht) Klar. Aber ich musste Emma den Sketch zwei-, dreimal zeigen, bis sie die Komik verstand. Sie hat es dann sogar geschafft, diese Mutter – die ja von ihrer eigenen gespielt wird – nicht zu mögen. Gar nicht vertragen aber kann sie, wenn über mich gelacht wird. Sie versteht noch nicht, dass das kein Auslachen ist, sondern ein anderes Lachen.

Schwarzer Wenn du deine Kindheit so mit der deiner Tochter vergleichst, gibt es da Unterschiede?

Engelke Absolut! Das Fernsehen! Der Luxus! Da versuche ich, ihr eine klare Haltung beizubringen. Fernsehen findet überhaupt nicht statt, aber ihre Mitschülerinnen sprechen über das, was sie gesehen haben. Und auch eine gewisse Bescheidenheit ist selbstverständlich – alles andere ist „Ausnahme". Das darf dann auch Spaß machen, aber sie soll sich dessen bewusst sein, dass es nicht selbstverständlich ist, einfach so ein teures Teil zu kriegen. Ich freue mich auch, dass sie so viel liest. Wenn ich sie abends zum Essen rufe, sitzt sie in ihrem Zimmer und sagt oft: moment, noch ein Kapitel.

Schwarzer Und bei der Kleidung?

Engelke Bei H&M weiß ich ja schon nicht, wo ich meine Klamotten kaufen soll: in der Kinderabteilung oder in der Erwachsenenabteilung. Die Mädchen sehen heute aus wie Frauen. Ich sage Emma immer: Es ist falsch, dass du jetzt schon so rumlaufen willst wie eine Frau. Sieh dir meine Fingernägel an. Die sind gelb, weil ich sie monatelang immer wieder in vier verschiedenen Farben lackieren musste für meine vier Rollen. Mit dem Resultat, dass ich gelbe Fingernägel habe. Im Urlaub ist es was anderes, so zum Spaß für ein paar Tage. Da lackieren wir uns für ein paar Tage die Zehennägel, am liebsten in Lila. Aber in ihrer Schule ist so was nicht gerne gesehen. Da trägt sie eine Schuluniform: hellblaue Bluse, blauer Rock oder Hose, blaue Strickjacke. Ich finde das gut.

Schwarzer Anke, ich fürchte, wir müssen noch über Männer reden.

Engelke Wieso ist das zum Fürchten?

Schwarzer Na ja, nach deiner Trennung von Andreas hast du ja ein paarmal hart daneben gehauen, zum Beispiel mit Ruf.

Engelke Stimmt. Verlorene Zeit. Ich glaube heute, das war so eine Art Selbstbestrafung – dafür, dass ich Andreas verlassen hatte. Das Scheitern einer Ehe muss man ja auch erst mal verarbeiten. Und das mit dem Benjamin war ja auch eher kompliziert. Aber jetzt habe ich endlich den Richtigen gefunden: Claus und ich machen seit über zehn Jahren Musik miteinander, aber verliebt haben wir uns erst vor ein paar Monaten. Das ist nicht so ein Schwätzer, der ist ganz handfest und bodenständig. Und er ist ein toller Musiker. Er hat auch selbst ein Kind und versteht mich und Emma.

Schwarzer Und was erwartest du sonst noch so von einer guten Beziehung?

Engelke Für mich ist es ganz wichtig, einen Hafen zu haben. Zu wissen, da ist jemand, dem ich nichts erklären muss. Und der auch meine musischen Seiten mit mir teilt.

Schwarzer Ich habe den Eindruck, im Beruf bist du sehr diszipliniert und selbstironisch – und in der Liebe eher chaotisch und sehnsüchtig.

Engelke Da ist was dran. Mein Beruf und mein privates Leben sind das komplette Gegenteil. Im Beruf habe ich große Freude am Ausflippen, weiß aber genau, was ich tue.

Im Leben bin ich weniger bestimmt und brauche klar strukturierte Verhältnisse: Hier gehöre ich hin. Da ist ein Haus, in dem ist jemand drin. Und wenn es geht, möchte ich das auch schriftlich haben.

Schwarzer Apropos Zukunft. Was wünschst du dir für die Zukunft?

Engelke Ich finde, ich wäre eine super Familienministerin! Oder?

Schwarzer Mal was anderes.

Engelke Und wie! Alles wäre frauenfreundlicher. Alle könnten Kinder haben und einen Beruf! Wie Andreas und ich. Ich würde Gesetze dafür machen, dass die Männer in Babypause gehen! Aber eigentlich müsste ich vorher noch beim Fernsehen aufräumen.

Erstveröffentlichung, 2003

Sandra Maischberger, Journalistin

Ich führe das Gespräch mit ihr ein paar Wochen vor dem großen Sprung: dem Sprung aus den Nischen-Interviews auf ntv
in die Unterhaltungssendung in der ersten Reihe der ARD,
wo sie die Nachfolgerin von Alfred Biolek ist. Diese populäre
Sendung wird ihr Leben ändern und sie von einem bekannten
zu einem öffentlichen Gesicht machen. Ein bisschen klamm
ist es ihr bei dem Gedanken, aber sie freut sich auch darauf.

Sie ist die geborene Journalistin. Morgen in aller Frühe
fliegt sie zum Tiefseetauchen mit Jan an den Indischen
Ozean. Heute Nacht muss sie „noch packen". Und heute
Abend um elf verlässt sie mich nicht, ohne noch rasch einen
tiefen Blick in die Wohnung gegenüber zu werfen (deren Tür
hinter meiner gerade eintreffenden, temperamentvollen
Nachbarin weit aufsteht) und zu murmeln: „Alles ganz
schön blau bei Ihnen." In der Tat, meine Nachbarin hat eine
beeindruckende Blauglassammlung. Und noch kurz vor
dem Gehen hatte sie es ganz genau wissen wollen: „Waren
Beauvoir und Sartre eigentlich auch in den letzten Jahren
noch ein richtiges Paar?" Sie waren. Die Antwort scheint sie
zu überraschen, aber auch irgendwie zu beruhigen.

Alice Schwarzer Fangen wir doch mal mit Schirrmacher an.

Sandra Maischberger Was habe ich mit Schirrmacher zu
tun?

Schwarzer Unser Kollege macht sich Sorgen über das Mo-
nopol der Meinungsmacherinnen à la Christiansen, Illner –

und Maischberger. Die hält der Feuilletonchef der *FAZ* für die Vorbotinnen des Matriarchats und die Verursacherinnen einer „Männerdämmerung".

Maischberger Ah ja. Ich habe es nicht gelesen.

Schwarzer Soll ich das wirklich schreiben? Das wird ihn hart treffen, dass es Meinungsmacherinnen gibt, die seine Artikel nicht lesen.

Maischberger Das tut mir Leid, es ist aber so. Die *BILD*-Zeitung hatte mich deswegen angerufen. Da habe ich mich einen Moment lang gefragt, ob eine Frau Schirrmacher in Deutschland denkbar wäre – und bin zu dem Schluss gekommen: nein.

Schwarzer Und warum nicht?

Maischberger Weil diese Art, in der Herr Schirrmacher und seine Freunde Meinung machen, Frauen eher fremd ist. Maybrit zum Beispiel, Sabine oder ich, wir sind nicht angetreten, um Meinung zu machen.

Schwarzer Und wozu sind Sie angetreten?

Maischberger Um selber etwas zu erfahren. Um zuzuhören. Und zu informieren. In der Hoffnung, dass die Menschen sich dann ihre eigene Meinung bilden. Ich bin übrigens nicht sicher, ob wir viel verpassen, wenn wir auf diese Leitartikel verzichten würden.

Schwarzer Schirrmacher führt in seinem Artikel nicht nur die Moderatorinnen als Vorhut des Matriarchats an, sondern auch die Verlegerinnen Friede Springer und Liz Mohn. Nun sind die Ehefrauen, die die Macht übernehmen, natürlich wieder was ganz anderes. Aber er unterstellt allen, dass es eine Rolle spiele, ob ein Mann oder eine Frau das mediale Sagen hat.

Maischberger Wir sind viel harmloser als die Schirrmachers dieser Welt, denn unser oberstes Ziel ist nicht, dass am Ende alle denken wie wir. Wir haben einen anderen Stil. Und wir sind tüchtiger als die Männer meiner Generation. Wir mussten uns nämlich mehr anstrengen, um dahin zu kommen, wo wir sind. Und dann haben die Programmmacher plötzlich gemerkt: Sieh an, mit Frauen kann man ja Quote machen. Aber dass wir es grundsätzlich anders machen würden als Männer – das sehe ich nicht.

Schwarzer Doch ist es in der Tat auffallend, wie viele Frauen plötzlich für die Kommunikation im Fernsehen zuständig sind. Hat sich etwa das private Wohnzimmer – in dem Frauen ja auch oft das Wort führen – ins öffentliche Studio verlagert? Will sagen: Ist das alles vielleicht nur die Verlängerung der klassisch weiblichen Rolle, in der Frauen so lange reden dürfen, bis es den Männern reicht?

Maischberger Dann müsste uns ja auch ab und zu ein Mann aus der Talkrunde losschicken, um das Bier aus dem Kühlschrank zu holen ... Was Gott sei Dank noch nicht passiert ist. Aber ehrlich gesagt: Ich habe noch nie darüber nachgedacht, das würde mich befangen machen. Am liebsten hätte ich, man würde es gar nicht mehr beachten, dass ich eine Frau bin und würde einfach vom „Programm Maischberger" reden.

Schwarzer Und was ließe sich sagen über das Programm Maischberger?

Maischberger Dass ich zuhöre. Dass ich vorbereitet bin. Und dass ich Mut habe.

Schwarzer Mut?

Maischberger Ja. Den Mut, das vorbereitete Konzept über den Haufen zu werfen. Angstfrei zu sein. Und uneitel.

Schwarzer Vor kurzem haben Sie mit der Kriegsreporterin Antonia Rados gesprochen, die bei Ihnen immer den Rücken zur Kamera drehte – und ausführlich über deren Körpersprache geredet. Wie schwer wiegen Worte im Fernsehen – und wie schwer wiegt das Nonverbale, die Körpersprache?

Maischberger Wenn ich zur Körpersprache auch die Mimik und Rhetorik zähle, dann wiegt das alles zusammen mindestens 60 zu 40 – also schwerer als die Worte.

Schwarzer Was für die Befragten gilt wie für die Fragende.

Maischberger Ja, aber die Fragerin beobachtet sich selber nicht.

Schwarzer In den Medien ist viel die Rede von Ihrer Körpersprache. Von der Mimik, den großen braunen Augen, dem einfühlsamen Lächeln, der sanft-gutturalen Stimme. Das „Rezept der intimen Inquisition", die weibliche Masche des „Flirts" nennt es die Schweizer *Weltwoche*. Sie selbst aber, Sandra, haben sich mal als „extrem männlich" bezeichnet. Was denn nun?

Maischberger Im besten Fall bin ich männlich und weiblich zugleich. Einfach Mensch sein, das wäre ideal.

Schwarzer Hört sich an wie ein feministischer Traum. Aber noch sind die Verhältnisse nicht so. Sie haben einmal gesagt, früher hätten Sie sich „neutralisiert", jetzt aber trauten Sie sich, eine Frau zu sein, was immer das bedeuten mag. Wer hat sich geändert: die Maischberger oder die Welt?

Maischberger Puh. Schwer zu sagen. Als ich noch zur Schule ging, war Unisex angesagt: Hosen, T-Shirts. Als ich anfing, Fernsehen zu machen, habe ich versucht, möglichst wenig weiblich auszusehen, kurze Röcke und Ausschnitte – mit denen ich abends ausging – zu meiden. Damit die Leute mir ins Gesicht sehen. Aber die Komplimente an die Frau Maischberger sind weitergegangen. Also habe ich den Schluss gezogen, dass es nicht auf meine Ausstattung ankommt, sondern auf meine Haltung. Jetzt ziehe ich mich im Fernsehen so an wie privat.

Schwarzer Von den „Waffen einer Frau" ist jetzt die Rede. War das rote Abendkleid bei der Verleihung des Fernsehpreises im letzten Jahr so eine Waffe?

Maischberger Ich mag solche Kleider.

Schwarzer Auch, wenn Sie damit irgendwie verkleidet aussehen, fast transvestitisch?

Maischberger (lacht) Super! Genau das gefällt mir. Auf

einer Bühne habe ich Lust, mich zu verkleiden. Aber ich bitte zu beachten, dass ich wirklich keinen guten Geschmack habe. Die Sachen, die ich habe, kauft Jan für mich ein.

Schwarzer Das scheinen die Spätfolgen frühkindlicher Erfahrungen zu sein. Ihre Mutter hat Sie exakt so angezogen wie Ihren Bruder: nämlich praktisch und mit Hosen.

Maischberger Ich glaube, dass meine Mutter an mir das ausgelebt hat, was sie selber gerne gehabt hätte: also von Anfang an die absolute Chancengleichheit. Es gibt Fotos von meinem Bruder und mir am Strand. Wir haben beide die von meiner Mutter genähten weißschwarzen Badehosen an – und wir sehen völlig gleich aus. Inklusive der rappelkurzen Haare.

Schwarzer Sie haben bis zum achten Lebensjahr in Italien gelebt. Wieso eigentlich?

Maischberger Mein Vater war Diplom-Ingenieur am Max-Planck-Institut in Frascati. Und meine Mutter war Sachbearbeiterin an dem Institut. Als wir zur Welt kamen, hat sie pausiert und später wieder halbtags gearbeitet. Wir haben in Grotta Ferrata gewohnt. Das war ein Paradies für uns Kinder! Mit Oleanderbäumen so groß wie Linden. Ich bin da in den Kindergarten gegangen und in die Grundschule und habe nur Italienisch gesprochen und gebrochen Deutsch.

Schwarzer Und dann kam der Umzug nach München. Ein Schock.

Maischberger Deutschland war grau, es war November, die Menschen waren unfreundlich. Ich fand's furchtbar. Die haben entsetzliche Dinge getan: meinen Schulranzen aus dem Fenster geworfen, meine Uhr ins Waschbecken ... Und ich konnte noch nicht mal mit denen reden. Ich bin nach Hause gelaufen und habe geheult, tagelang. Und ich habe Migräne bekommen, die ging erst mit 16 wieder weg.

Schwarzer Also eine frühe glückliche Kindheit – und eine zunächst traurige Jugend. Ist diese Mischung zwischen

41

Sicherheit und Außenseitertum das Geheimnis der Interviewerin Maischberger?

Maischberger Vielleicht. Ein Leitmotiv ist auf jeden Fall das Dazugehören-Wollen. Irgendwann habe ich mir gesagt: Euch werde ich es zeigen! Und als ich in der elften Klasse Schülersprecherin war, hatte ich das geschafft.

Schwarzer Nach dem Abitur ging das dann gleich los mit dem Journalismus?

Maischberger Ich habe erst mal beim Bayerischen Rundfunk als Plattenauflegerin gearbeitet. Zwei Jahre lang Mädchen für alles: Discjockey beim BR, dann die ersten Stücke für den Jugendfunk, Schreiben für die Stadtzeitung, Übersetzen für den Musikexpress etc. Und ich war total stolz, dass ich finanziell schon auf eigenen Füßen stand. Erst mit 21 bin ich zur Journalistenschule. Und für meine Miete habe ich dann Nachtschicht bei Tele 5 gemacht. Irgendwann haben die mich gefragt, ob ich moderieren will. Ich wollte nie vor die Kamera – fand das dann aber sehr bequem und bin dabei geblieben.

Schwarzer Dann hat es Hochs und Tiefs gegeben. Ein absolutes Tief war 1991 die Sendung mit Erich Böhme.

Maischberger Damals wusste ich noch zu wenig, hatte nicht begriffen, was ein Gastgeber ist, und war die einzige Frau. Und Böhme war nicht gerade hilfreich. Heute bin ich mit ihm befreundet.

Schwarzer Gibt es nach über 700 Sendungen noch echte Fragen bei Maischberger?

Maischberger Ja! Sonst würde ich aufhören.

Schwarzer Erzählen Sie mir von Ihrem Arbeitsalltag.

Maischberger Wenn es ideal läuft, steht der Gast des nächsten Tages fest, während ich auf Sendung mit dem Gast von heute bin. Dann kann ein Redakteur schon den nächsten Tag vorbereiten. Ich komme um halb zwölf in die Redaktion. Den Vormittag brauche ich, Dinge zu lesen und zu tun, die nicht direkt mit der Sendung zu tun haben. Oder ich rede mit Leuten. Oder ich habe mit meiner Produktionsfirma zu tun, die ich zusammen mit einer Freundin und meinem Lebensgefährten habe.

Schwarzer Ihr Lebensgefährte ist der Prager Kameramann Jan Kerhart. Mit ihm sind Sie seit zehn Jahren zusammen und Sie arbeiten auch mit ihm. Und er hat Ihnen das Bernsteinamulett geschenkt, das Sie fast immer tragen. Richtig?

Maischberger Ja. Wo waren wir stehen geblieben? Ich komme also um halb zwölf in die Redaktion und lese eine halbe Stunde. Dann machen wir Brainstorming. Wir reden über die möglichen Fragen. Was ist Pflicht, was Kür? Worauf müssen wir uns gefasst machen? Kommt der Gast mit einer Message – oder müssen wir ihm eher die Dinge aus der Nase ziehen? Muss man ihm widersprechen? Was ist meine Munition? Was fehlt mir noch?

Schwarzer Wie groß ist die Redaktion?

Maischberger Wir sind zu fünft. Und wir diskutieren alles im Team. Danach muss ich noch drei Stunden lang intensiv lesen – und merke, ob noch was fehlt. Zum Schluss drucke ich mir den Spickzettel aus – und gehe in die Sendung.

Schwarzer Und was steht auf dem Spickzettel?

Maischberger Der Kopf, die wichtigsten Infos zur Person. Und eine knapp formulierte Anmoderation, ich habe ja keinen Teleprompter. Und ein paar Fragen. Alles muss auf ein Blatt passen. Aber es kann auch passieren, dass die Gäste erst um halb fünf feststehen, und um Viertel nach fünf muss ich schon auf Sendung. Da kommt dann zum Tragen, dass ich seit 18 Jahren Journalistin bin. Wenn ich etwas nicht weiß, frage ich einfach. Ich weiß genug, um die richtigen Fragen zu stellen. Das sind oft die besten Sendungen.

Schwarzer Die Interviewsendung ist ja nicht das Einzige, was Sie machen. Sie haben auch eine Produktionsfirma, zusammen mit Jan Kerhart.

Maischberger Und einer Partnerin. Die ist der Innenminister, ich bin der Außenminister. Und Jan ist zuständig für Bildgestaltung und Kalkulation.

Schwarzer Wenn Sie zusammen so was wie diesen göttlichen Film über *Dr. Wedel und Mr. Hyde* machen ...

Maischberger ... ja, das war wirklich das reine Vergnügen ...

Schwarzer ... wie funktioniert dann die Arbeitsteilung?

Maischberger Wir arbeiten ja zusammen seit *Spiegel-TV*. Er wollte immer tolle Bilder machen – und ich gute Interviews. Da haben wir viel gestritten und uns zusammengerauft. Wenn wir heute miteinander drehen, wissen wir, was wir voneinander zu erwarten haben. Und bei Wedel war das so. Dieter Wedel benimmt sich auch ohne Kamera so wie vor laufender Kamera. Immer wenn ich da war, wuchs Herr Wedel noch ein Stück höher, als er eh schon ist. Deswegen haben wir ihn alleine von Jan beobachten lassen. Da sind die besten Sachen rausgekommen, denn keiner merkte mehr, dass er da war.

Schwarzer Das macht sicherlich Spaß, so zusammenzuarbeiten. Aber es kann auch zur Belastung werden ...

Maischberger Absolut. Wir streiten nur. Wie Kesselflicker. Aber das geht nun schon seit zehn Jahren – und langsam nähern wir uns in unseren Standpunkten.

Schwarzer Und wie geht Jan mit der zunehmenden Öffentlichkeit Ihrer Person um?

Maischberger Natürlich gefällt ihm das nicht. Jan kommt aus Tschechien, er fühlt sich noch immer beobachtet. Aber das mit der Bekanntheit kommt ja erst noch so richtig dicke ... Doch wenn's mich nervt, hör ich auf und geh nach Neuseeland.

Schwarzer (lacht) Das hat noch nie jemand gemacht.

Maischberger Das ist aber mein Anspruch!

Schwarzer Sie haben bei Ihrer Arbeit nicht diese typisch deutsche Trennung von E und U, bei Ihnen ist das Ernste auch unterhaltend und die Unterhaltung auch ernst. In der von Alfred Biolek übernommenen Sendung geht es jetzt aber nochmal einen kräftigen Schritt in Richtung Unterhaltung. Hilft dabei der Agent, den Sie seit vier Jahren haben?

Maischberger 1999 hatte ich zwei Flopps hinter mir und kriegte nur unterirdische Angebote. Zum Beispiel eine gemeinsame Sendung mit Alice Schwarzer: zwei Frauen gegen einen Mann.

Schwarzer Erinnere ich mich gar nicht.

Maischberger Aber ich. Also habe ich mir gesagt: Ich hole mir jemanden, der mir hilft. Heute brauche ich ihn für Verhandlungen und Koordination, weil ich sonst pro Tag zwei Stunden nur mit Terminkram verbringen würde. Außerdem tickt mein Agent, wie ich nicht ticke: nämlich wie die Chefredakteure der *BILD*-Zeitung.

Schwarzer Er ist ja auch der Ex-Agent von Feldbusch ...

Maischberger ... und der von Dieter Thomas Heck, Jenny Elvers etc. Er hat ein breites Spektrum.

Schwarzer Laufen Sie nicht Gefahr, jetzt ins Star-System reingezogen zu werden?

Maischberger Sein Job bei Verona Feldbusch war es, sie in die Zeitung reinzubringen. Sein Job bei mir ist es, mich aus der Zeitung rauszuhalten. Zum Beispiel bei solchen Artikeln wie dem in *BILD* nach dem Unfall mit Mette-Marit, wo es hieß: „Die von Ehrgeiz zerfressene Journalistin verbrennt die schöne Prinzessin."

Schwarzer Was ist Ihnen eigentlich wirklich wichtig?

Maischberger Dass ich meine Unabhängigkeit behalte. Das ist der wahre Luxus. Zum Beispiel, wenn die Sendung nicht funktioniert – dass ich mich dann was Neues traue. Und ich möchte hell bleiben, hell im Kopf. Ich habe das Gefühl, so hell wie jetzt war ich noch nie.

Schwarzer Neulich haben Sie mit einer Kollegin im Studio

übers Alter geredet. Die wurde 50. Wie stellen Sie sich eine 50-jährige Sandra Maischberger vor?

Maischberger Ich bin jetzt 37, das heißt, ich gehe schon seit geraumer Zeit auf die 40 zu. Ich bin im vorauseilenden Älterwerden sehr gut!

Schwarzer Dann wird es wenigstens keine Überraschung ...

Maischberger Also mit 50 habe ich ja dann zwei Kinder.

Schwarzer Und Jan hat dann auch zwei Kinder?

Maischberger Der will seit zehn Jahren Kinder von mir. Am liebsten würde ich sagen: Dann krieg sie doch! (Gelächter) Ich habe mal geträumt, mein Vater wäre schwanger. Er hatte so einen dicken Bauch und ich dachte: Oh Gott, wenn der Penis bei der Geburt so anschwillt ...

Schwarzer Sie haben ja Ihren Vater sehr geliebt. Und er war eine große Autorität für Sie.

Maischberger Autorität, ich weiß nicht. Ich habe mich furchtbar mit ihm gestritten. Aber ja, ich habe ihn geliebt. Ich glaube ja nicht an Wiedergeburt, ich glaube, das wahre Weiterleben ist in der Erinnerung – und er lebt in meiner.

Schwarzer Ihre Mutter lebt noch. Was sagt sie zu Ihrer aktuellen Entwicklung?

Maischberger Die hat Angst.

Schwarzer Wovor?

Maischberger Angst, dass ich wieder flach werde. Sie findet es besser, wenn ich Politik pur mache ... Also, das ist schon eine Aufgabe: eine Sendung zu machen, die meiner Mutter gefällt.

Schwarzer Na, dann viel Glück!

Erstveröffentlichung in EMMA 5/2003

Lale Akgün, Therapeutin und Politikerin

Sie ist seit 2002 als Direktkandidatin für Köln-Süd im Bundestag und spricht zum Glück (noch?) nicht wie eine Politikerin. Erst zwei Jahre nach dem 11. September besann ihre Partei, die SPD, sich endlich darauf, dass auch Sozialdemokraten eine Haltung und Position zum Problem des weltweit – und auch mitten in Deutschland – steigenden islamischen Fundamentalismus haben müssten. Ja, vielleicht sogar eine Strategie. Die Fraktion beauftragte ihre einzige Deutsch-Türkin in den eigenen Reihen damit. Das nachfolgende Gespräch habe ich im Sommer 2003 mit Lale Akgün geführt, just als sie im Begriff war, diese Aufgabe vorzubereiten.

Alice Schwarzer Sie sind Türkin. Sie sind Muslimin. Und Sie sind mit einem islamischen Religionslehrer verheiratet. Aber Sie tragen nicht nur kein Kopftuch, Sie haben auch noch kurze Haare.

Lale Akgün (lacht) Das habe ich meinem Großvater zu verdanken. Der war Lehrer und hat mich sehr beeindruckt. Er hat noch auf einer islamischen Medresse studiert, aber immer gesagt: Die Ohren sind ganz wichtig. Und Frauen haben genau dasselbe Recht darauf wie Männer, dass ihre Ohren frei sind – damit sie alles mithören und mitbekommen, in alle Himmelsrichtungen.

Schwarzer Sie sind mit acht Jahren mit Ihren Eltern nach Deutschland gekommen, leben also seit 41 Jahren hier.

Akgün Ja, ich bin türkischer Herkunft und deutscher Staatsangehörigkeit. Ich bin also beides: Das orientalische Fühlen ist genauso in mir wie das westliche Denken. Aber wir, mein Mann und ich, kommen aus dem muslimischen Kulturkreis und stehen dazu, dass wir Muslime sunnitischer Konfession sind.

Schwarzer Ihr Mann ist islamischer Religionslehrer an einer deutschen Schule. Und Sie haben 16 Jahre lang als Therapeutin praktiziert. Hatten Ihre türkischen PatientInnen andere Probleme als die deutschen?

Akgün Ja, sie hatten vor allem Konflikte mit den Geschlechterrollen. Denn viele der Türken, die nach Deutschland kommen, sind ja aus sozial benachteiligten Familien und haben darum die Arbeitsimmigration auf sich genommen. Die meisten kamen in den 60er und 70er Jahren und hatten ein bestimmtes Weltbild, wie eine Frau zu sein hat und wie ein Mann. Sie hatten gar nicht mitbekommen, dass die Rolle der Frauen sich verändert hatte, hier wie in der Türkei. Viele meiner Patientinnen konnten diesen Konflikt allerdings nicht thematisieren, also somatisierten sie, flüchteten in die Krankheit. Ich hatte viele Fälle von Migräne, Hautausschlägen und sogar Hysterie – darunter richtig klassische Fälle, wie wir sie nur aus dem 19. und frühen 20. Jahrhundert kennen und die in Mitteleuropa eigentlich schon ausgestorben sind: also dieses Aufbäumen im Zirkel etc. Dafür gab es früher bei den Türkinnen überhaupt nicht die bei den Deutschen so verbreiteten Essstörungen. Inzwischen allerdings sind die auch bei Türkinnen angekommen.

Schwarzer Sie haben gesagt: Für mich ist das Kopftuch ein rotes Tuch. Warum?

Akgün Aus zwei sehr unterschiedlichen Gründen: Erstens, weil es den Islam auf ein Stück Tuch reduziert. Zweitens, weil es ein äußeres Zeichen der Ungleichheit von Mann und Frau ist.

Schwarzer Und was sagen Sie zu dem Argument, dass viele Frauen es freiwillig tragen?

Akgün Was ist schon freiwillig ... Gerade Frauen verinnerlichen oft die Vorstellungen der Männerwelt. Sie sagen zwar: Ich trage das Kopftuch aus freien Stücken. Aber oft ist es der Versuch, dem Mann, dem Vater oder Ehemann, den Wunsch von den Augen abzulesen. Oder der Versuch, Konflikten aus dem Weg zu gehen. Oder der Versuch, sich aufzuwerten. Das Kopftuch signalisiert: Ich bin unberührbar und rein, ich stehe über den anderen Frauen. Was natürlich nicht stimmt. Statistisch gesehen haben wir unter den Kopftuch-Trägerinnen dieselbe Moral wie unter den Nicht-Kopftuch-Trägerinnen. Sie gehen genauso selten „unschuldig" in die Ehe und erlauben sich dieselben sexuellen Freiheiten. Auch sind die Grenzen der wahren Motive fließend: Wer kann schon unterscheiden zwischen dem Kopftuch aus innerer persönlicher Religiosität, dem von der männlichen Autorität aufgezwungenen und dem, hinter dem eine gezielte politische Absicht steckt? Schließlich und endlich kann das Kopftuch auch ein Übergangsobjekt sein: Man hat die eine Gesellschaft verlassen, ist aber in der anderen noch nicht angekommen und braucht diese Zeit, wo man geschützter, in sich verschlossener ist. Man ist eingepuppt – und wird vielleicht erst später schlüpfen.

Schwarzer Was heißt das konkret?

Akgün Einmal hatte ich eine Patientin, die gerade jung geschieden war. Meine Sekretärin hatte mir eine „ältere Frau" angekündigt, und es kam eine tief Verschleierte. Ich fragte: Wie alt sind Sie? Sie war 21. Und als ich ihr sagte, dass meine Sekretärin sie für Mitte 40 gehalten hatte, war sie sehr gekränkt. Wenige Monate später kam sie wieder. Nun hatte sie einen neuen Partner und war, seinem Geschmack entsprechend, total aufgestylt: Barbie-Frisur, Minirock, Stöckelschuhe. Ich habe sie fast nicht wiedererkannt. Was ist nun ihr freier Wille? Was ist ihre so genannte „wahre" Identität?

Schwarzer Trägt Ihre Mutter eigentlich ein Kopftuch?

Akgün (lacht) Nein. Meine Mutter ist Mathematikerin und die rationalste Frau, die ich in meinem Leben getroffen habe. Mein Vater hingegen, ein Zahnarzt, war ein sehr weicher Mensch. Meine Mutter war der Mann in der Familie.

Schwarzer Sie sind ja in den frühen 60er Jahren mit Ihren Eltern nach Deutschland gekommen. Hat sich seither bei der Mehrheit der hier lebenden Türken etwas verändert?

Akgün Ja, ganz stark. So richtig aufgefallen ist mir das in einer Ausstellung im Ruhrlandmuseum 1998. Da ging es um die Immigration der Türken, die neue und die alte Heimat. Und da sah man, dass die Türkinnen in den 60er Jahren überhaupt keine Kopftücher trugen. Das fing erst in den 80er Jahren an, ganz schleichend. Es hatte mit dem Militärputsch 1980 in der Türkei zu tun. Und mit Khomeinis Putsch 1979 im Iran. Also mit der Islamisierung der muslimischen Länder. Dabei haben die Amerikaner eine ganz zentrale Rolle gespielt. Sie haben in den 80er Jahren die Islamisierung aller Nachbarstaaten der UdSSR forciert, um den Kommunismus abzupuffern, und den so genannten grünen Gürtel um den Kommunismus gelegt. Grün wie der Islam. Das hatte dann natürlich Auswirkungen bis nach Deutschland. Und dann ging Anfang der 90er der Afghanistankrieg der Sowjetunion gegen die Taliban los. Und das hat den islamistischen Brüdern in der ganzen Welt nochmal Auftrieb gegeben. Auf einmal gehörte es dazu, Kopftuch zu tragen.

Schwarzer Das Kopftuch also nicht als Ausdruck des Glaubens, sondern als Signal für eine politische Haltung?

Akgün Ganz klar. Erst danach kamen die überhöhenden kulturellen und religiösen Erklärungen: das Kopftuch als Ausdruck der muslimischen Identität, der eigenen Kultur etc. Dabei hatten auch in den 60er Jahren viele ihre Identität verloren – aber deswegen noch lange keine Bärte und Kopftücher. In der Zeit gab es ja auch in der Türkei kaum Kopftücher in den Großstädten. Höchstens die Kopftücher auf dem Land, aber eher so turbanmäßig um den Kopf geschlungen, mit den Zipfeln oben, als praktischer Schutz vor Staub. Das, was wir heute in Deutschland als islamisches Kopftuch kennen – dieser lange Mantel mit dem Kopftuch über den Schultern und den ganz abgebundenen Haaren –, diese Kluft ist überhaupt erst in den 80ern entstanden. Das gab es früher überhaupt nicht. In unseren Familienalben trägt nur meine Urgroßmutter manchmal ein Kopftuch: so ein Seidentuch mit einer Spitzenborde ...

Schwarzer ... das trugen unsere Urgroßmütter an Feiertagen auch ... Sie haben in den 90ern ein paar Jahre lang in Solingen das *Landeszentrum für Zuwanderung*, das erste seiner Art, geleitet. War in der Zeit ein Druck Richtung Bart und Kopftuch zu spüren?

Akgün Und wie! In den Predigten wurde verkündet: Jedes Haar, das zu sehen ist, wird sich in der Hölle in eine Schlange verwandeln. Stellen Sie sich das mal vor, wie viele Haare Sie auf dem Kopf haben – und wie viele Schlangen daraus werden. Das heißt, die Leute wurden eingeschüchtert, man machte ihnen Angst. Ich habe dann mit denen geredet, ihnen erklärt, worum es im Islam wirklich geht, nämlich: Du sollst nicht äußerlich auffallen. Was in der Konsequenz heißt, dass das Kopftuch in einer Gesellschaft wie der unseren ganz und gar unislamisch ist, weil auffallend und abgrenzend. Die Kopftuchträgerinnen sind ja was Besonderes und wollen das auch sein, aber genau das verbietet der Koran. Auffallen ist zutiefst unislamisch. Das Kleid oder der Anzug gehören auf die Straße, der Badeanzug an den Strand, der Pyjama ins Bett und das Kopftuch in die Moschee!

Schwarzer Das sieht der *Zentralrat der Muslime* aber ganz anders.

Akgün Der Zentralrat ... für wen spricht der eigentlich? Maximal zehn Prozent der Muslime sind überhaupt organisiert, und im Zentralrat sind höchstens ein, zwei Prozent. Der Zentralrat ist eine selbst ernannte Institution, der sich diesen Namen parallel zum *Zentralrat der Juden* gegeben hat. Aber unter dem Dach des Zentralrats sind überhaupt keine mitgliederstarken Vereine; der einzige, der VIKZ (Verein Islamischer Kulturzentren) ist ausgetreten. Der Zentralrat hat nicht das geringste Recht, für die Muslime in Deutschland zu reden oder gar irgendwelche Regeln aufzustellen.

Schwarzer Wie erklären Sie sich dann, dass der Vorsitzende des Zentralrats, Nadeem Elyas, als Repräsentant aller Muslime in Deutschland zum Kanzler oder Bundespräsidenten geladen wird? Und auf allen Podien sitzt, die sich angeblich den „Dialog" auf die Fahne geschrieben haben?

Akgün Das kann ich Ihnen genau sagen: Weil die über 90 Prozent nichtorganisierten Muslime sich nie eine Stimme gegeben und sich nie organisiert haben. Dieser so genannte Dialog – zwischen wem findet der eigentlich statt? Ich habe immer gesagt: Erst wenn die Weihnachtschristen und die Ramadammuslime miteinander reden, ist das ein Dialog …

Schwarzer … ein Dialog zwischen den Mehrheiten …

Akgün Genau! Und nicht nur ein Dialog mit dem Zentralrat. Der hat übrigens auch eine Islamcharta herausgebracht, in der er das politische Verständnis und Verhalten der Muslime in Deutschland definiert. Das ist überflüssig wie ein Kropf! Wir haben schließlich ein Grundgesetz. Das haben in Deutschland auch die Muslime zu achten. Wir sind ein Rechtsstaat. Unsere Gesetze werden im Bundestag gemacht und nicht im Zentralrat. Es gibt in einer Demokratie keine Parallelinstitution, die das Recht hat, Parallelgesetze zu machen. Wir leben in einer Demokratie. Und wir müssen auch nicht betonen, dass wir Demokraten sind, das ist selbstverständlich.

Schwarzer Für den Zentralrat ist das anscheinend nicht so

selbstverständlich ... Vielleicht muss er es heute betonen, weil er vor dem 11. September noch etwas ganz anderes gesagt hat. Aber wie tragen Sie als Politikerin denn nun dazu bei, dass die Mehrheit der MuslimInnen eine Stimme bekommt?

Akgün Ich bin jetzt von meiner Fraktion damit beauftragt worden, darüber nachzudenken. Wir arbeiten an einer Strategie, und ich hoffe, in ein paar Monaten mehr sagen zu können.

Schwarzer Was werden die ersten Schritte dieser Strategie sein?

Akgün Das Wichtigste ist die Verstärkung der Bildungspolitik. Das fängt an mit der Sprache. Vor allem die Frauen, die Mütter müssen Deutsch lernen! Und die Kinder ab dem Kindergarten.

Schwarzer Sollten türkische Schulkinder nur Deutsch in der Schule sprechen?

Akgün Normalerweise sprechen Immigranten-Kinder vor allem die Sprache des Landes, in dem sie leben – und nur noch gebrochen ihre Herkunftssprache. In Deutschland ist es umgekehrt. Und das ist sehr merkwürdig. Meine Tochter zum Beispiel spricht fließend Deutsch, aber auch Türkisch, es war nicht einfach, eine zweite Sprache in der Familie aufzubauen.

Schwarzer Und wie erklären Sie sich, dass deutsche Türkenkinder oft nur gebrochen Deutsch sprechen?

Akgün Das ist das Resultat der Verdrängung auf beiden Seiten. Deutschland hat 40 Jahre lang die Illusion aufrechterhalten, wir seien keine Einwanderungsgesellschaft. Das ist die größte Lebenslüge der Bundesrepublik. Und auch viele Türken haben sich vorgemacht, dass sie wieder zurückgehen. Doch kein Land auf der Welt hat in den letzten Jahrzehnten so viele Einwanderer gehabt wie Deutschland ...

Schwarzer Tatsächlich?

Akgün Ja! Wir haben seit 1945 insgesamt 19,5 Millionen Menschen in Deutschland aufgenommen: acht Millionen Heimatvertriebene und vier Millionen Spätaussiedler, also zwölf Millionen deutschstämmige Einwanderer aus Osteuropa; plus 7,5 Millionen Ausländer. Das ist einzigartig. Das muss uns erst mal ein anderes Land nachmachen. Aber wir haben aus einer falsch verstandenen Multikulti-Haltung die Leute nie als Teil *unserer* Gesellschaft begriffen. Es ist immer beim „Ihr und Wir" geblieben, nach der Devise: Ihr seid anders. Dieses differenzialistische Denken – wir sind die einen und ihr seid die Anderen – ist der Kern des Übels.

Schwarzer Haben Sie das auch selbst schon zu spüren bekommen?

Akgün Nicht nur ich, auch meine Tochter. Zu ihr hat mal ein Kioskbesitzer, der sie gut kennt, gesagt: Fährst du in den Ferien nach Hause? Er meinte damit die Türkei. Das Kind war ganz irritiert, denn sein Zuhause ist ja Deutschland.

Schwarzer Ähnliches ist dem verstorbenen Vorsitzenden des *Zentralrats der Juden*, Ignatz Bubis, immer wieder passiert. Er ist in Deutschland geboren und in Deutschland gestorben, aber immer wieder wurde er wie ein Ausländer, wie ein Israeli behandelt. Zum Beispiel wurde mal zu ihm gesagt: Machen Sie sich eigentlich keine Sorgen um die politischen Verhältnisse in Ihrem Land? Da hat Bubis, der auch FDP-Mitglied war, geantwortet: Finden Sie, dass es so schlimm steht um Deutschland?

Akgün Das sind ja auch ganz ähnliche Probleme. Und sie haben ein und dieselbe Wurzel: die Ausgrenzung des Fremden. Woanders ist das übrigens anders. Ich habe jüngst einen Artikel über zwei Frauen von den vietnamesischen Boatpeople gelesen. Die eine war in den USA gelandet und die andere in Deutschland. Nach zehn Jahren sagte die in Amerika: Ich bin Amerikanerin! Die in Deutschland Lebende war darüber sehr erstaunt, weil ihr so schnell nie über die Lippen kommen würde zu sagen: Ich bin Deutsche.

Schwarzer Warum nicht?

Akgün Weil man als Zugezogene in Deutschland auf das Fremdsein festgelegt wird. In Frankreich ist man nach einer gewissen Zeit Franzose, egal ob man schwarz oder was auch immer ist. Hier bleibt man immer die Andere.

Schwarzer Das scheinbar fortschrittliche Schlagwort vom Multikulti wäre dann also in Wahrheit nur eine modische Umschreibung dieser Haltung: Wir sind wir – und ihr seid die Anderen?

Akgün Genau! Ich finde Multikulti eine besonders gefährliche Verharmlosung der Ausgrenzung. Multikulti ist ein Exklusions-Instrument. Durch Multikulti werden die Zugewanderten im Exotikbereich gehalten, wo man sie heute nett findet – aber morgen vielleicht nicht mehr. Das Entscheidende ist: Die Anderen bleiben immer vom Wohlwollen der Mehrheitsgesellschaft abhängig. Dadurch werden sie im permanenten Ausnahmezustand gehalten, sie gehören nicht dazu. Und sie müssen immerzu Folklore produzieren – anderes Essen, andere Musik etc. –, um eine Daseinsberechtigung zu haben. Dieses Multikulti-Denken zwingt zu einer Gradwanderung zwischen Bereicherung und Belastung, zwischen positiv und negativ. Das ist sehr gefährlich, weil es jederzeit umschlagen kann.

Schwarzer Ist eine Frau wie Sie dem entkommen?

Akgün Neulich hat mich ein Kollege in Berlin mit den Worten vorgestellt: Das ist die exotischste Frau in unserer Fraktion. Da habe ich gesagt: Mach mal einen Punkt! Was ist denn an mir exotisch?

Schwarzer Der Kern dieses ganzen Übels ist ja, wie Sie auch sagen, die Ideologie vom Unterschied, das differenzialistische Denken. Ob nun in Bezug auf Völker, Rassen oder Geschlechter. Auch wir Frauen sind ja angeblich so anders ...

Akgün Ich sehe da auch viele Parallelen. Wenn ich gefragt werde, was für mich Integration ist, sage ich: Ethnik-Mainstreaming parallel zum Gender-Mainstreaming. Ich möchte, dass Zugewanderte selbstverständlich in allen gesellschaftlichen Bereichen präsent sind, ohne Folklore.

Schwarzer Aber das zu quotieren, das würde ja schon wieder bedeuten, die Zugewanderten auf ihr Fremdsein festzulegen.

Akgün Nein, nicht quotieren, aber als Ziel anstreben.

Schwarzer Sie sind Sozialdemokratin, das heißt, Sie gehören zu einer Partei, die diese ganzen Probleme, über die wir jetzt reden, bisher verschlafen hat und überhaupt kein Bewusstsein, geschweige denn einen Diskurs oder gar eine Strategie hat. Jetzt hat die Fraktion Sie aufgefordert, aktiv zu werden. Was werden Sie tun?

Akgün Darüber nachdenken, wie die Zugewanderten eine öffentliche Stimme werden können, ein gesellschaftlicher Faktor. Ich bin auf jeden Fall dafür, dass Immigranten sich einbürgern lassen und akzeptieren: Ich bin hier.

Schwarzer Was wären für Sie die idealen Voraussetzungen für eine Einbürgerung?

Akgün Das ist unterschiedlich. Bei den Älteren, die seit 30, 40 Jahren hier sind, würde ich noch nicht einmal verlangen, dass sie fließend Deutsch sprechen. Bei den Jüngeren aber sollte das Voraussetzung sein. Und dass sie sich an die Verfassung halten. Die allermeisten Zugewanderten aber erfüllen diese Voraussetzungen.

Schwarzer Nun gibt es aber die auch von Ihnen beobachteten Veränderungen, die Gefahr des steigenden Islamismus. Damit meine ich nicht nur die agitierende Minderheit, sondern auch die agitierte Mehrheit. Der deutsche Jugendforscher Prof. Heitmeyer zum Beispiel hat eine Untersuchung gemacht und herausgefunden: Jeder fünfte männliche muslimische Jugendliche in Deutschland befürwortet heute die Scharia und damit den Gottesstaat …

Akgün Ich bin überzeugt, dass die meisten Musliminnen und Muslime in Deutschland Demokraten sind. Wir müssen aber auch denen Angebote machen, die die demokratischen Prinzipien noch nicht so verinnerlicht haben. Die anderen machen ihnen ja auch Angebote. Freizeit, Sport und, noch wichtiger, Sinn Stiftendes! Diese Angebote müssen von uns, von der demokratischen Gesellschaft kommen. Wir müssen ihnen damit signalisieren: Ihr gehört zu uns.

Schwarzer Ist es denn auch Sinn stiftend, muslimische Schülerinnen vom Sport zu befreien und Lehrerinnen das Tragen des Kopftuches in der Schule zu erlauben?

Akgün Nein! Die Schule ist eine Pflichtveranstaltung, und da geht es nicht à la carte, man hat das ganze Menü zu akzeptieren. Ich bin strikt dagegen, dass bestimmte Kinder von manchen Fächern befreit werden. Und ich bin auch strikte Gegnerin des Kopftuches in der Schule. Die demokratische Schule ist eine weltliche, eine religionsneutrale Schule, da haben religiöse Symbole nichts zu suchen. Vor allem bei den LehrerInnen nicht, die ja Vorbild sind für die Kinder. Diese Vorbilder müssen neutral sein, damit alle sich mit ihnen identifizieren können.

Schwarzer Und was sagen Sie zu dem Begehren der deutsch-afghanischen Lehrerin Fereshta Ludin, das Kopftuch an deutschen Schulen zu tragen?

Akgün Frau Ludin kann das Kopftuch in ihrer Freizeit tragen, aber nicht in der Schule. Hinzu kommt: Das Kopftuch ist kein gutes Signal für die Schülerinnen. Außerdem, wenn Frauen mit Kopftuch in der Schule unterrichten, dann wird das bald für den ganzen öffentlichen Dienst gefordert werden. Aber der Staat muss seine Neutralität bewahren. Die Trennung von Religion und Staat ist schließlich eine der großen Errungenschaften der Moderne.

Schwarzer Nun wird ja immer gesagt, der Islam sei eben eine andere Kultur ...

Akgün Man sollte sehr vorsichtig sein mit der Erklärung der Unterschiede über die Kulturschiene ...

Schwarzer ... Algerierinnen nennen das die „Kulturfalle"...

Akgün Wenn zum Beispiel ein Vater seine Kinder verprügelt, und er ist ein Deutscher, dann sagt man: Das ist ein schlechter Vater. Ist er Türke, sagt man: Das ist deren Kultur. So ein Unsinn, Schlagen ist keine Kultur, das ist Unkultur. Ein prügelnder Vater ist ein schlechter Vater, punktum. Oder ich zum Beispiel, ich fühle mich bei großer Hitze sehr wohl. Dann sagen die Leute zu mir: Kein Wunder, Sie sind ja auch Türkin. So ein Quatsch! Ich habe einfach nur einen niedrigen Blutdruck.

Schwarzer (lacht) Wenn Sie benennen sollten, wie viele türkische und wie viele deutsche Anteile Sie haben, Frau Akgün, was würden Sie antworten?

Akgün Ich würde sagen: Ich bin ich. Am stärksten hat mich meine Familie, meine Erziehung geprägt. Und es gibt keine deutsche oder türkische Erziehung – es gibt nur gute oder schlechte Erziehung.

Schwarzer Und Ihre 15-jährige Tochter, was würde die wohl antworten?

Akgün Sie würde sagen: Ich bin Feride. Das ist Arabisch und heißt auf Deutsch: die Einzigartige.

Erstveröffentlichung in EMMA 5/2003

Franka Potente, Schauspielerin

Kurz nach unserem Gespräch machte Franka Potente (fast) Karriere in Hollywood. Und trennte sich von ihrem langjährigen Lebens- und Arbeitspartner Tom Tykwer. Sie war es, die den Kontakt zu mir aufgenommen hatte: Sie hatte sich über das TV-Spektakel Feldbusch/Schwarzer so „schrecklich geärgert" und fand: „Wir Frauen haben noch lange nicht alles erreicht!" Wir führten das Gespräch in ihrer damaligen Kreuzberger Wohnung, die noch recht spontan und studentisch wirkte. Knapp zwei Jahre später ist Potente wieder auf dem Sprung von Amerika nach Deutschland. Die kreative Unruhe, die Distanz zum Glamourbetrieb und den selbstkritischen Blick, die dieses Gespräch prägen, scheint sie in Hollywood nicht verloren zu haben.

Alice Schwarzer Du warst in den vergangenen Monaten arbeitslos, weil du einen Film geschmissen hast, noch vor Beginn der Dreharbeiten ausgestiegen bist. Warum?
Franka Potente Da gab es Probleme. Es ging um Nacktheit, oder sagen wir, damit fing es an.
Schwarzer Solltest du dich ausziehen?
Potente Es war komplizierter. Ich habe nicht grundsätzlich etwas gegen Nacktheit, aber das muss in der Rolle und in der Geschichte begründet sein. Bei den Szenen aber war es so, dass ich nicht wusste, warum ich mich ausziehen sollte. Dann schlug man mir also vor, einfach Bodydoubles zu nehmen. Aber das löst das Problem doch nicht. Es ging ja

um die grundsätzliche Frage: Was zeigt man wann und warum? Das ist dann zu einem fürchterlichen Streit eskaliert. Am meisten hat mich verletzt, dass dann Sätze fielen wie: „Ich habe gar nicht gewusst, dass du so prüde bist." Im Endeffekt hat mich aber die Art und Weise, wie mit mir über das Problem geredet wurde, abgestoßen, das war letztendlich ausschlaggebend für die Entscheidung, den Film doch nicht zu machen. Ich hatte kein Vertrauen mehr. Aber das ist ja ein generelles Problem. Wenn ich sehe, wie Frauen heute schon um 18 Uhr im Fernsehen gezeigt werden ... Von Filmen und Werbung ganz zu schweigen. Angeblich wird das vom Publikum gewollt. Aber ich glaube das nicht. Ich glaube eher, dass die Macher das wollen. Ich habe zum Beispiel neulich mit meiner Mutter gesprochen, die ist jetzt 50. Sie hat gesagt, dass sie bei sich so eine wachsende Empfindlichkeit feststellt gegen diesen ganzen Exhibitionismus in den Medien. Und sie fragt sich: Bin ich die Einzige, die das stört? Ist sie nicht. Mich stört das auch.

Schwarzer Wo läuft denn für dich die Linie zwischen erotisch und pornografisch?

Potente Beim Lesen eines Drehbuchs spüre ich das sofort. Nehmen wir eine Szene: Die Frau geht in die Dusche. Wenn dann da steht: von vorn oder von halb nah zoomen – dann frage ich: Warum? Dass die Frau nackt ist, kann man auch am nackten Rücken zeigen, dazu muss man keine Brustwarzen sehen! Entweder die Nacktheit ist inhaltlich begründet, oder sie ist spekulativ. Früher war ich da naiver. Ich weiß noch, als ich *Nach fünf im Urwald* gemacht habe, meinen ersten Film. Da schwimmen wir einmal nachts im Pool, ich oben ohne und mit so einer Frotteeunterhose. Ich habe mir damals gar nichts dabei gedacht. Das hat eben auch mit Erfahrung zu tun. Aber dann legte bei der Premierenfeier so'n älterer Typ so ganz komisch seine Hand auf mein Knie und sagte: Ich fand Sie wahnsinnig niedlich in der Unterhose ... Würg. Da hab ich kapiert, was da los ist.

Schwarzer Passiert dir so was öfter?

Potente Nein, eher selten. Ich bin irgendwie nicht der Typ für die Art von Geilheit.

Schwarzer Hat das nur mit Geilheit zu tun – oder auch mit Macht und Erniedrigung?

Potente Wie meinst du das?

Schwarzer Na, die Klage von Schauspielerinnen, dass sie – im Film wie im Theater – bedrängt werden, sich auszuziehen, die ist ja nicht neu. Das trifft auch die nicht ganz Jungen und auch die ganz Berühmten. Denk an den allerletzten Film von Marilyn Monroe mit diesen tristen Nacktfotos. Oder die Klagen von Stars wie Romy Schneider in den 70ern, die darüber sehr verletzt war.

Potente Mag sein. Aber ich denke, es hat auch mit Neugierde zu tun. Mit dem Bekanntheitsgrad wächst die Gier, dich nackt zu sehen. Man weiß jetzt schon ganz viel von dir, dann will man das auch noch wissen. Wie wenn alle schreien würden: Ausziehen! Ausziehen! Und so manche Schauspielerin macht da zunächst auch selbst mit – und plötzlich wird es ihr dann zu viel.

Schwarzer Werden solche Erwartungen denn öfter an dich rangetragen?

Potente Durchaus. Ich merke es ja bei der Präsentation von jedem Film. Dann kommen immer dieselben Journalisten, die sind wie Nomaden an einer Wasserstelle. Und die wollen was zu schlürfen. Klatsch. Homestorys. Privates. Im Sommer haben sie mir ein Baby angehängt. Die dachten: Okay, die hat jetzt einen Hollywoodfilm gemacht, ist seit vier Jahren mit dem Typen zusammen – jetzt ein Kind. Das wär's. Die wollen einfach immer, dass es noch einen Schritt weitergeht.

Schwarzer Hältst du das für einen Zufall, dass man dir ausgerechnet auf dem Höhepunkt deiner Karriere ein Kind anhängen will? So nach dem Motto: Hollywood, alles schön und gut – aber wir wollen doch immer schön Frau bleiben.

Potente Da ist wahrscheinlich was dran. In den Medien herrschen ja auch immer noch sehr traditionelle und konservative Strukturen. Meist heißt es auch: Sie spielt an der Seite von ... Nie umgekehrt. Nur jüngst hieß es mal: Er spielt an der Seite von Franka Potente. Na bitte! So rum geht es auch mal.

Schwarzer Aber hat sich denn da nicht doch einiges geändert?

Potente Nicht viel, glaube ich. Die Probleme sind heute ähnlich wie vor 20 Jahren. Nur das Vokabular hat sich geändert. Gerade die Journalisten sind – bis auf wenige Ausnahmen – meist unheimlich spießig. Und dann diese ewigen stereotypen Unterstellungen des Stils: Jeder Schauspieler träumt von Hollywood. Wie kommen die da eigentlich drauf?

Schwarzer Dir ist ja mal vorgeworfen worden, du hättest einen zu dicken Hintern.

Potente Das hat nur einer geschrieben. Aber bei meinem letzten Hollywoodfilm hat man mich auch sofort rigoros auf Diät gesetzt, mit Personal Trainer. Der hat, glaube ich, nicht viel Spaß mit mir gehabt. Ich habe denen gesagt: Wenn der Matt Damon sich mal in eine Frau mit meinem Hintern verlieben dürfte – ich glaube, die ganze Welt wäre euch dankbar dafür! Dann gucken die einem ein Loch in den Kopf und sagen: Yeah, very interesting. Das war's.

Schwarzer Hast du denn abgenommen mit deinem Personal Trainer?

Potente Ja, acht Kilo. Aber die sind natürlich längst wieder drauf ... Ich habe eine ganz durchschnittliche Figur mit Kleidergröße 38/40. Aber wenn ich zum Beispiel zu einem Fotoshooting komme, wo die Stylistinnen alle so Größe 34 haben, dann brüllen die garantiert durchs Studio: Die Hose passt nicht, haben wir noch was Größeres ...? Obwohl ich denen vorher meine Größe angegeben hatte. Immer passt nichts. Mittlerweile bringe ich schon meinen eigenen Koffer mit.

Schwarzer Du bist die Tochter eines Lehrers und einer medizinisch-technischen Assistentin. Wie bist du überhaupt auf die Idee gekommen, Schauspielerin zu werden? Wolltest du berühmt werden?

Potente Nein, die Phantasie hatte ich gar nicht. Mein äußerster Horizont war als Kind das Stadttheater Münster. In Dülmen gab es gar kein Kino. Und fernsehen durften wir aus pädagogischen Gründen nur sehr begrenzt.

Schwarzer Und wie bist du trotzdem darauf gekommen?

Potente Das hat ganz früh angefangen. Nämlich als mein Bruder Stefan auf die Welt kam. Der ist drei Jahre jünger als ich und war ein Frühchen, das sehr umsorgt werden musste. Aus der Zeit gibt es ganz viele Fotos von mir mit einem kleinen dicken Bruder auf dem Arm und immer verheulten Augen.

Schwarzer Und da hast du versucht, die Aufmerksamkeit auf dich zu lenken?

Potente Genau. Ich war sehr eifersüchtig. Und da habe ich angefangen, den Kasper zu machen. Ich hatte als Kind natürlich Sissi, die Mädchen vom Immenhof, Takatukaland und das ganze Zeug gesehen. Also hab ich versucht, mich in den Mittelpunkt zu stellen, und um Publikum gebuhlt. Das hat geklappt. In der Schule war ich bei Rollenspielen immer die Favoritin und bin dann in Theatergruppen gelandet. Aber Schauspielerin werden? Ich wusste gar nicht, wie das ging. Doch immerhin gab es da meine Freundin Elektra Tiziani. Deren Mutter war Schauspielerin, so eine extravagante mit roten Haaren, und der Vater Opernsänger. Das fand ich ganz faszinierend. Bei denen war alles anders. Voller Geschichten und Geheimnisse. In diese tolle Welt wollte ich auch.

Schwarzer Und wie hast du das geschafft?

Potente Mit 16 habe ich mich heimlich auf eine Anzeige beworben: Die suchten Tänzerinnen für eine Fernsehserie. Die haben mir zwar eine Absage geschickt, aber ich hatte eine Antwort, ich hatte den Faden zu fassen gekriegt. Und dann habe ich in den *Westfälischen Nachrichten* eine ganze Seite über die Schauspielschule Bochum gelesen. Aha! Da habe ich mich also beworben. Hat auch nicht geklappt. Aber auf der Falckenbergschule in München bin ich dann angenommen worden. Wahnsinn! Also, ab nach München!

Schwarzer Und was macht Stefan jetzt?

Potente Der studiert Medizin in Berlin.

Schwarzer Wie bist du eigentlich dann auf die Idee gekommen, von der Falckenbergschule auf die Strasbergschule in New York zu gehen?

Potente Rückblickend verstehe ich, dass in München alles ein bisschen festgefahren war für mich. Privat wie beruflich. Ich wohnte da mit einem Freund zusammen und fing schon mit 21, 22 an, in so ein richtig brav-bürgerliches Leben zu rutschen. Riesige Wohnung. Von Kindern war die Rede. Und ich war immer die, die eingekauft und Wäsche gewaschen hat. Ich habe mich aber auch selber in die Rolle gedrängt. Und er hat es zugelassen. Klar. Beruflich war es ähnlich. In der Falckenbergschule war ich die einzige Landpomeranze. Die anderen kamen aus Hamburg oder aus der Schweiz; die hatten schon abgetrieben, oder geschiedene Eltern – Menschen mit Abgründen. Nur ich kam so ganz „normal" aus dem Reihenhaus. Nach meinem ersten Film aber hatte ich Blut geleckt. In mir war so eine neue Sehnsucht erwacht. Doch das ließ sich nicht vereinbaren mit der seriösen Falckenbergschule, das Filmen. Also bin ich nach New York gegangen.

Schwarzer Hat die Sehnsucht sich da erfüllt?

Potente Es war zumindest eine aufregende Zeit, ich war ganz auf mich allein gestellt. Aber erst nachdem ich in Berlin mit Tom Tykwer *Lola rennt* gedreht hatte, bin ich aufgewacht. Ich habe gemerkt: So kann das Leben auch sein. Ich habe dann rigoros alle Brücken abgebrochen und bin – ohne schon mit Tom zusammen zu sein – nach Berlin gegangen. Allein. In den ersten Monaten habe ich da in so einer komischen Pension gewohnt. Das hat mir durchaus auch Angst gemacht. Aber ich hatte einfach angefangen, in eine andere Richtung zu denken.

Schwarzer Du äußerst dich in Interviews oft rigoros über deine Arbeit, sagst Sätze wie: „Sicher ist es stark, wenn man 50.000 DM mehr auf dem Konto hat. Aber ich bin nicht käuflich. Es kommt einzig auf das Drehbuch an."

Potente Ich versuche einfach, eine Authentizität zu haben. Gleichzeitig liebe ich meine Arbeit wahnsinnig. Jetzt habe ich acht Monate lang nicht gedreht, weil es keine guten Angebote gab. Also habe ich angefangen zu reiten – ein Kindheitstraum – und nehme auch Ballettstunden. Vielleicht fange ich auch noch mit Klavierspielen an. Ich habe einfach das Bedürfnis, noch zu lernen. Mein größter Traum wäre, mal wieder im Orchester zu spielen.

Schwarzer Was?

Potente Geige. Das habe ich ja als junges Mädchen oft gemacht.

Schwarzer Was wären denn für dich Idealbedingungen zum Arbeiten?

Potente Ich bin ein klassischer Schauspieler. Ich brauche einen Regisseur, der eine starke Vision hat und mich dann auch führt. Ich bin immer so gut wie mein Regisseur. Aber in den letzten zwölf Monaten ging es für mich ganz schön bergauf und bergab. Eigentlich hab ich immer ein gutes Händchen gehabt mit der Arbeit. Aber im letzten Jahr hatte ich viel Pech mit Projekten. Manche sind geplatzt, andere schief gegangen. Und von den mir angebotenen Drehbüchern waren 80 Prozent der letzte Scheiß. Gleichzeitig kam mein erster Hollywoodfilm raus. Das war eine Wahnsinns-Diskrepanz: das öffentliche Bild von mir und meine innere Verfassung.

Schwarzer Kann es sein, Franka, dass die Kluft zwischen dem, was du öffentlich darstellst, und dem, was du innerlich bist, immer größer wird?

Potente So ist es. Und das Ding ist: Ich mache öffentlich schon kaum was. Ich gehe nur aus, wenn ich einen neuen Film bewerben muss.

Schwarzer Was wünschst du dir für das nächste Jahr, Franka?

Potente Gute, erfüllende Arbeit! Mit spannenden Leuten zusammen etwas wagen. Und ich hoffe – global gesagt – dass die Welt gesünder wird, dass sich politische Brennpunkte beruhigen, aber die Nachdenklichkeit bleibt.

Erstveröffentlichung in EMMA 1/2002

Hildegard Knef (1925-2002), Schauspielerin

In ihren späten Jahren bin ich ihr ein paar Mal begegnet. Einmal waren wir schon für ein Gespräch verabredet – da wurde sie krank. Geredet habe ich ausgerechnet mit Hildegard Knef also nie. Den nachfolgenden Text schrieb ich nach ihrem Tod.

Sie war meine erste Liebe. Lange vor Jimmy und Elvis. Da saß ich in Reihe drei, zu einszehn im Modernen Theater. In der Hand eine süßsaure Gurke aus dem Kaufhof, zu 30 Pfennig, lose. Damals zählten noch die Pfennige. Und die Jahre. Die Filme waren ab zehn, ich aber war erst acht oder neun. War mein erster Knef-Film *Die Mörder sind unter uns* oder *Alraune* oder gar *Die Sünderin*? Ich weiß es nicht mehr. Ich weiß nur, dass ich den ganzen Nachmittag lang (14-Uhr-Vorstellung) nur auf eines lauerte: Auf sie! Wie sie sich bewegte, wie sie redete – wunderbar!

Zu Hause war sie auch im Gespräch. Klar, schließlich komme ich aus einer Cineastinnenfamilie. Drei Filme, das war der Wochenschnitt meiner Großmutter. In unserem Wohnzimmer saßen die Stars mit am Tisch: Elisabeth Bergner, Brigitte Horney oder Marlene Dietrich. Aber auch Willy Birgel, Hans Albers und O. W. Fischer. Das Faible für Letzteren teilten wir, Großmutter und Kind. Bei der Knef bin ich nicht so ganz sicher.

Das verzeihen die Deutschen ihr nie, dass sie nach Amerika gegangen ist, pflegte meine Großmutter zu spotten.

Genauso wenig wie der Dietrich. Und als die Knef dann Triumphe als Ninotschka am Broadway feierte, da hieß es bei uns: Das werden sie ihr auch nicht danken, dafür sind sie viel zu spießig.

Es war die hohe Zeit des Försters im Silberwald, die falsche Zeit für eine wie Knef. Weltstar hätte sie werden können, aber es war eben nicht der Moment für so eine. Dieses Androgyne, bei aller Weiblichkeit. Dieses Starke, bei aller Verletzlichkeit. Dieses Intellektuelle, bei aller Leidenschaft. „Eine Marlene Dietrich für intelligente Männer" hat die Knef mal einer genannt. Für intelligente Frauen auch.

Doch wie das so ist mit den Jugendlieben: Ich habe sie aus den Augen verloren, bin untergetaucht in all den Elvis', Jimmys und Anthonys. Aber im Augenwinkel habe ich sie weiter verfolgt. Und zunehmend mehr von ihr begriffen.

1925 geboren und bei einem geliebten Großvater aufgewachsen. Als Kind einsam und zunehmend verzweifelt. Auf der Flucht trägt die 19-Jährige eine Soldaten-Uniform („Sollte ich warten, bis ich vergewaltigt werde?") und kommt zusammen mit 40.000 deutschen Männern in russische Gefangenschaft. Als einzige Frau. Spätestens da wird sie gelernt haben, die Stimme, mit der sie später „der größte Sänger der Welt ohne Stimme" wurde (Ella Fitzgerald), so männlich runterzudrücken.

Gleich 1946 spielte die Ex-Ufa-Schauspielerin dann in den noch rauchenden Trümmern von Berlin mit dem damals interessantesten Regisseur, mit Wolfgang Staudte. Sie ist die Frau in *Die Mörder sind unter uns*, wo es vor allem um den Mann geht. Schon da ging es los mit der Brechung der spröden, androgynen Schönheit.

Staudtes Story: Ein deutscher Soldat wird mit der Schuld nicht fertig, zugesehen zu haben, wie seine Kameraden in Russland Widerständler exekutieren. Der Mann quält sich bis zum bitteren Ende, und noch nicht einmal Hildegard, die

die gemeinsame Trümmerwohnung fegt und ihm mit vorgebundener Schürze das Essen serviert, kann den Verstörten retten. Nur ganz en passant und wie zufällig erfahren wir, dass sie ihrerseits eine KZ-Überlebende ist – was weder mit ihm noch überhaupt weiter thematisiert wird. Unser Mitgefühl gilt dem Mann, nicht der Frau; gilt dem Mittäter, nicht dem Opfer.

1949 geht die „Vaterlandsverräterin" mit dem amerikanischen Besatzungs-Film-Offizier Kurt Hirsch nach Hollywood. Dort wird das deutsche „Fräulein" prompt kaltgestellt. Warum? Die Knef im Rückblick über Hollywood: „Die haben 45 ganz klar die Weltherrschaft übernehmen wollen, und das ist ihnen ja auch prima gelungen, außer bei den Franzosen." Im Ausland zu deutsch, in Deutschland zu undeutsch. So erging es wohl nicht zufällig allen drei deutschen Filmstars mit Weltformat: Marlene Dietrich, Hildegard Knef und Romy Schneider.

In den Jahren darauf spielt die Knef in diesem oder jenem Film, wartet im sissiseligen Deutschland jedoch vergeblich auf eine Rolle, die ihr gemäß ist. 1961 klagt sie in einem Interview: „Ich habe das Pech, dass zur Zeit nur Rollen für Mädchen geschrieben werden – aber ich bin eine Frau."

Mitte der 60er weicht die Schauspielerin auf das Chanson aus, ganz wie zuvor die Dietrich, mit der sie sich in Hollywood eng befreundet hatte. Aber im Unterschied zu Marlene schreibt Hilde ihre Lieder selbst, schöpft aus ihrem Leben und ihrem Talent. Und die in Hollywood und Paris hart Geforderte und Geschulte kreiert mit einem Schlag ein neues Genre: irgendetwas zwischen Chanson, Blues und Rap (der damals noch nicht erfunden war). Ihre Konzerte werden Triumphe, ihre Schallplatten Bestseller.

Wenig später, 1970, eröffnet sich das Multitalent ein drittes Terrain: das der Schriftstellerin. *Der geschenkte Gaul* erscheint. „Ich hatte nicht die Absicht, zu schreiben, wie

Tante Hilde zum Film kommt", erklärt sie. „Ich wollte über eine Generation in Deutschland schreiben, die noch im Kindergarten war, als Hitler kam." Das ist ihr gelungen. Die mitreißende Erzählerin schaut dem geschenkten Gaul tief ins Maul, ihr Debütbuch wird in 17 Sprachen übersetzt und drei Millionen Mal verkauft.

Geld hat die Knef trotzdem nie, weil „kein Verhältnis zu Zahlen", dafür aber beste Kontakte zu Männern, die zählen konnten. Die Ehe mit dem gut aussehenden David Cameron scheitert just in dem Moment, wo sie an Krebs erkrankt. Ihr bleibt die späte Tochter Tinta, mit der sie wahre Mutterliebe quälend exzessiv und öffentlich zelebriert. Heute pflegt die Tochter in Kalifornien wilde Tiere.

Es ist nicht leicht zu verstehen, dass eine so kluge und (selbst)ironische Frau wie die Knef gleichzeitig so kitschig und masochistisch sein konnte. Diese Maskeraden, diese Affenmutterliebe, dieses öffentliche Leiden (60 Operationen haben wir mitgezählt). Es war wohl eine lebenslange Zerrissenheit – die Zerrissenheit einer Zu-früh-Emanzipierten.

Erstveröffentlichung in EMMA 2/2002

Christiane Nüsslein-Volhard, Biochemikerin

Im Oktober 1995 erhielt sie den Nobelpreis für ihre Entdeckung im Bereich der „genetischen Kontrolle der frühen Embryonalentwicklung". Einige Jahre später sagte sie in einem Interview, sie sei „bei den Feministinnen vollkommen durchgefallen" und regelrecht „verstört" darüber. Das war der Auslöser für mein Gespräch mit ihr. In jüngster Zeit fiel die Direktorin des Tübinger Max-Planck-Instituts wiederholt durch Initiativen und Veröffentlichungen zur Chancengleichheit von Frauen auch in der Wissenschaft auf.

Pünktlich biege ich am frühen Abend aus dem Wald bei Tübingen: Vor mir im Tal liegt ein hoch idyllischer, mittelalterlich geprägter Ort, das Herz ein altes Kloster und im Schatten des Klosters das mittelalterliche Reihenhaus der Genforscherin. Als ich auf den Eingang zugehe, steht sie schon in der Tür: auf bloßen, festen Füßen (mit roten Fußnägeln), gehüllt in ein tiefrotes, anschmiegsames Baumwollkleid bis an die Waden. Auch eine berühmte Wissenschaftlerin ist eben eine Frau. Und was für eine. Eine Frau mit Küche, Katzen und Kultur – und einem wahrhaft paradiesischen Garten. Aber der ist vor allem der gelernten Biologin zu verdanken. – Und sie ist eine Frau mit den Freuden und Ärgernissen, die alle Frauen kennen, die sich ein leidenschaftliches Verhältnis zur Arbeit gestatten.

Alice Schwarzer Sie haben jüngst gesagt: Ich bin bei den Feministinnen durchgefallen. Wie kommen Sie darauf?

Christiane Nüsslein-Volhard Na ja ... Das ist nicht neu. Schon bei meinen feministischen Cousinen in Frankfurt und ihren Freundinnen war das so. Ich hatte gerade promoviert und dachte, ich kriege Lob von denen. Aber dann waren die vollkommen verständnislos. Die hatten alle Sozialpädagogik studiert und überhaupt nicht begriffen, dass einen nicht nur der Mensch, sondern auch die Natur interessieren kann. Später haben die Frauen mir dann immer unterstellt, ich arbeite zu viel. Und noch später, ich würde meine Mitarbeiter ausbeuten.

Schwarzer Was heißt das?

Nüsslein-Volhard Das heißt: Du arbeitest noch nachts um zwölf? Was, du musst am Sonntag noch ins Labor? Und als ich geantwortet habe: Ich will doch wissen, was bei meinem Versuch rauskommt – da haben die mich gar nicht verstanden. Später, als ich Leiterin des Frauenausschusses der Max-Planck-Gesellschaft wurde, war es ähnlich. Eine der Soziologinnen griff mich sofort an.

Schwarzer Und warum?

Nüsslein-Volhard Das habe ich mich auch gefragt. Bis ich begriff: Ich war da ja in doppelter Funktion – als Direktorin also Arbeitgeberin, und für die Sache der Frauen. Und das scheint für manche Frauen unvereinbar. Die unterstellen einem dann, man wäre keine richtige Frau, man würde sich „männlich" verhalten.

Schwarzer Und was meinen die damit?

Nüsslein-Volhard Dass man herrschsüchtig sei und karrieresüchtig. Dass man Leute, die für einen arbeiten, unter Druck setzt. Als ich anfing, bekannt zu werden – und zwar zunächst in Amerika –, da habe ich gemerkt, dass ich als Forschungsleiterin einen miserablen Ruf bei den Studenten hatte. Einmal habe ich sogar erlebt, wie ein Doktorand, ein sehr begeisterungsfähiger Knabe, mir am zweiten Tag gesagt hat: Meine Frau will sich von mir trennen, weil ich bei Ihnen meine Doktorarbeit mache. Was im Volksmund so viel bedeutete wie: Er wird bis aufs Blut von mir ausgesaugt. Die wollte sich tatsächlich scheiden lassen ... Später hat sie dann begriffen, dass das nicht so war. Aber wahr ist, dass er abends oft noch im Labor war – einfach, weil die Versuche so spannend waren.

Schwarzer Ich habe Sie im Institut erlebt – und fand eher auffallend, wie lässig und freundschaftlich der Umgang zwischen Ihnen, der Institutsleiterin, und Ihren Mitarbeitern ist. Auch sind Sie ja bekannt dafür, dass Sie jeden Samstag selbst gebackenen Kuchen mitbringen.

Nüsslein-Volhard (lacht) Na, inzwischen backt auch schon mal einer der Doktoranden einen Kuchen. Aber es stimmt: Der Ton ist bei uns in der Sache genau, aber menschlich sehr verständnisvoll.

Schwarzer Wird Ihnen Ihre Leidenschaft für Ihre Arbeit übel genommen?

Nüsslein-Volhard Genau! Und zwar auch von Frauen. Und vor allem von Frauen, deren Männer so alt sind wie ich, aber nicht so eine Karriere gemacht haben.

Schwarzer Nun bin ich doch überrascht. Ich kenne zwar diese Probleme aus eigener Erfahrung, aber ich dachte, so einer Naturwissenschaftlerin könne man Verdienste nicht so leicht absprechen. Weil sich das doch alles wissenschaftlich belegen lässt. Und dann gar eine, die den Nobelpreis gekriegt hat ...

Nüsslein-Volhard Mir war das früher auch nicht klar. Aber langsam fange ich an zu begreifen. Beides wird einer Frau einfach nicht zugestanden: entweder Forscher oder Frau. Sobald eine Frau Erfolg hat, wird behauptet, das gehe auf Kosten ihrer Menschlichkeit. Es gibt da zum Beispiel so eine ganz voreingenommene Biografie über mich, für die die Biografin nur mit einer einzigen Ex-Studentin geredet hat, die sauer auf mich war. Das verletzt mich schon und ... (Bei dem Stichwort hüpft Marie-Therese, die schwarz-weiße im Katzen-Trio, maunzend auf den Schoß ihrer Herrin – gewiss, dass sie auch im intensivsten Gespräch beachtet und gestreichelt wird.) ... und ich finde es einfach gemein. Denn man will ja auch geliebt werden. Aber natürlich habe ich auch die Verpflichtung, meinen Doktoranden zur Höchstleistung zu verhelfen.

Schwarzer Sie können ja nicht jede und jeden nehmen. Wie erkennen Sie eine besondere Begabung?

Nüsslein-Volhard Ich nehme nur Leute, mit denen ich mich auch gerne unterhalte. Die interessant sind. Wo was kommt. Leute, deren Lebenslauf nicht so furchtbar gradlinig ist und die eigene Initiativen haben. Leider sind darunter wenig Frauen ...

Schwarzer ... für die Sie aber spätestens seit Ihrem Nobelpreis ein Role Model, ein Vorbild sein müssten. Kann ich Ihnen zumuten, mir und den LeserInnen zu erklären, wofür Sie zusammen mit Ihrem Kollegen Eric Wischaus den Nobelpreis bekommen haben? Was ist der Kern Ihrer Erkenntnis?

Nüsslein-Volhard Unsere Arbeit hat den Grundstein gelegt zur Entdeckung der Rolle der Gene bei der Steuerung der Entwicklung. Wir waren die Ersten, die einzelnen Genen bestimmte Funktionen im Organismus zugeordnet haben. Zum Beispiel die Aufteilung des Embryos in bestimmte Segmente, in oben und unten. Oder die Entwicklung des Nervensystems. Zwar hat jede einzelne Zelle alle Gene, aber nur ein paar von ihnen werden jeweils aktiviert.

Schwarzer Als Sie Anfang der 80er Jahre mit der Genforschung begannen, hat sich noch kaum jemand dafür interessiert.

Nüsslein-Volhard So ist es. Das war aber auch noch keine

Molekular, also noch keine Isolierung von Genen, sondern nur ihre Identifizierung.

Schwarzer Heute ist für viele schon die Genforschung an sich etwas Böses.

Nüsslein-Volhard Ja ja. Am Anfang habe ich noch ganz naiv in der Familie erzählt, was ich so mache. Und das hat eigentlich keinen interessiert. Aber wie dann klar wurde, dass das Genforschung ist, da haben sie mich ziemlich beschimpft: „Das ist ja grässlich, was du da machst." Und als ich eingewandt habe: Du verstehst doch davon gar nichts, da hieß es: „Ich will es auch gar nicht verstehen. Aber so was darf man auf keinen Fall machen!" – So redet auch Joschka Fischer.

Schwarzer Und ist diese Sorge so ganz unberechtigt?

Nüsslein-Volhard Nicht immer. So manches könnte gefährlich werden – aber das ist doch nur ein Grund mehr, genau verstehen zu wollen, was da passiert. Diese Ignoranz en bloc aber ist nur wissenschaftsfeindlich.

Schwarzer Ist das in Deutschland stärker als im Ausland?

Nüsslein-Volhard Ja, besonders die Gentechnologie wird hierzulande verteufelt.

Schwarzer Hat das auch mit der deutschen Vergangenheit zu tun?

Nüsslein-Volhard Und ob. Es hat mit den Nazis zu tun und mit der Atombombe. Doch die Atombombe war keine wissenschaftliche, sondern eine rein politische Entscheidung, eine Reaktion auf Hitler. Die Wissenschaftler wollten die Bombe nicht.

Schwarzer Aber die Wissenschaftler haben die Atombombe möglich gemacht.

Nüsslein-Volhard Aber die Entdeckung der Atomspaltung muss nicht automatisch zur Atombombe führen. Wenn man forscht, kommt dabei irgendwann etwas heraus. Das ist in der Wissenschaft nicht wie in der Kunst. Einen Goethe gab es nur einmal ... (Der Frankfurter Johann Wolfgang von

Goethe ist der Lieblingsschriftsteller der Frankfurterin Christiane Nüsslein-Volhard. Was sie an ihm so schätzt, ist nicht nur die Sprache, sondern auch das ganzheitliche Verständnis von Mensch und Natur.) ... aber wenn Marie Curie die Radiologie nicht entdeckt hätte, dann hätte sie irgendwann jemand anders entdeckt. Das Problem ist nicht die Erkenntnis an sich – das Problem ist ihre Nutzung und die Gefahr des Missbrauchs.

Schwarzer Nach Erkenntnis haben Sie ja schon im zarten Alter von zwölf gestrebt.

Nüsslein-Volhard Ich habe schon als kleines Kind Blümchen gesammelt, Mooshäuschen gebaut und immer auf den Boden geguckt, um da etwas zu entdecken. Wir waren drei Mädchen, doch die Eltern haben uns viel Freiheit gelassen. Erst später kam noch ein Bub dazu und das vierte Mädchen. Ich war die Zweite, und mein Vater hat sich recht früh für mich interessiert. Und meine Großmutter auch. Das war eine ganz tolle Frau, eine Malerin. Aber es wurde kein besonderes Aufheben um uns gemacht; wir hatten früh, vielleicht zu früh, viel Eigenverantwortung.

Schwarzer Anscheinend kommt gerade dabei ja auch etwas raus.

Nüsslein-Volhard Stimmt auch wieder. Ich hatte schon eine wunderbare Kindheit. Aber dann, so mit 13, als sie mir die Zöpfe abgeschnitten haben, dann war es vorbei.

Schwarzer Was war vorbei?

Nüsslein-Volhard Die schöne Zeit. Eine böse Geschichte habe ich auch erlebt. Im Reitstall. Ich konnte gar nicht reiten, war aber süchtig nach diesen Pferden und habe die immer gestriegelt. Und dann war da so ein Reitbursche, der fing an, an mir rumzufassen. Ich bin heulend nach Hause gestürzt ... (Christiane Nüsslein-Volhard muss in der Erinnerung noch 45 Jahre danach schlucken. Doch sie fasst sich rasch und erzählt weiter.) Ich durfte da nicht mehr hin.

Und auch nicht mehr in den Stadtwald, wo ich doch so genau wusste, wo die Veilchen stehen. Und als ich irgendwann dann doch mal wieder in den Stadtwald bin, standen da irgendwelche Exhibitionisten. Dann fing das Mädchendasein an. Das hat mich furchtbar erwischt. Das fand ich richtig gemein.

Schwarzer Warum?

Nüsslein-Volhard Ich konnte einfach nicht damit zurechtkommen. Und ich war so schüchtern. Das bin ich heute noch. Und ich bin da regelrecht vereinsamt. Hinzu kam die Aufteilung in der Familie: Meine jüngere Schwester war die Schöne, und ich war nicht die Schöne.

Schwarzer Sie waren die Kluge.

Nüsslein-Volhard Ja. Ich merkte immer mehr, dass ich Interessen hatte, die ich mit den anderen nicht teilen konnte. Ich habe zum Beispiel Goethe oder Lorenz gelesen und Biologie gemacht. In der Tanzstunde war ich aber immer ein Mauerblümchen. Ich konnte mich mit den Buben überhaupt nicht unterhalten; vielleicht auch, weil ich auf einer Mädchenschule war ...

Schwarzer ... wofür Sie ja heute noch plädieren.

Nüsslein-Volhard Ja. Der Nachteil ist, dass uns die Buben fremd waren. Der Vorteil, dass wir Mädchen auch Felder besetzen konnten, die sonst Buben-Sache sind. Mathe zum Beispiel. Oder die Bubenrollen in den Theaterstücken, die habe immer ich gespielt. Ich hatte ja diese hübschen Schwestern und galt als die Burschikose. Das hat sicherlich auch mein Vater gefördert. Der Bruder kam ja erst viel später.

Schwarzer Und die Mutter?

Nüsslein-Volhard Die war Hausfrau. Die war lieb mit uns, aber den Vater fanden wir aufregender. – Wie wär's mit einem Kaffee? (Christiane Nüsslein-Volhard verschwindet im Haus, immer noch barfuß, aber heute Morgen in Jeans und Sporthemd. Kurz darauf höre ich es pfeifen. Das ist aber

nicht der Wasserkessel, dafür klingt es auch viel zu melo-
disch, es ist die Hausherrin, die da durchs Haus pfeift. Die
Musik ist ihre heimliche Liebe. Ihr ist ein ganzes Zimmer im
Haus gewidmet, mit Querflöte und Klavier. Und einmal in
der Woche singt die Forscherin unter der professionellen
Anleitung einer Gesangslehrerin. Würde es einen Nobelpreis für Musik geben, hätte sie sich vermutlich über den
noch mehr gefreut als über den für Biogenetik.)

Schwarzer Und das Studium?

Nüsslein-Volhard Mein Vater starb an dem Tag, an dem ich
Abitur gemacht habe. Als ich dann das Studium anfing, 1962,
war ich eine der ganz wenigen Frauen in Biologie. Man
siezte sich noch, schlich scheu umeinander rum, und in meinem ganzen Studium habe ich nicht einmal mit einem Professor gesprochen. Und in Physik standen die Assistenten
am Rand und guckten sich die Mädchen aus … Am Anfang
war ich ganz einsam. Dann habe ich langsam die ersten Kontakte geknüpft und irgendwann auch meinen späteren Mann
kennen gelernt.

Schwarzer Und wann zündete wieder der Funke für die
Sache?

Nüsslein-Volhard Jemand hat mir erzählt, dass in Tübingen
diese neue Biochemie gelehrt wird, was eine Kombination
ist zwischen exakter Naturwissenschaft und Biologie. Ich
habe also meinen Verlobten in Frankfurt zurückgelassen
und bin nach Tübingen. Er kam später nach. Da war ich dann
erst mal wieder mutterseelenallein – und furchtbar schüchtern. Als ich dann aufgetaut bin, wurde es eine nette Zeit.

Schwarzer Wie war damals eigentlich das Verhältnis zwischen Frauen und Männern in der Wissenschaft?

Nüsslein-Volhard Man hat darüber überhaupt nicht nachgedacht. Dass man eine Frau war, war kein Thema. Als ich mich
um einen Assistentenplatz am Institut beworben habe, da
haben die mir gesagt: Wir haben noch nie eine Frau gehabt.

Da habe ich geantwortet: Dann nehmt halt mal eine! Was sie gemacht haben. Ich glaube, ich war zaghaft und arrogant zugleich.

(Das genetische Erbe von Christiane Volhard bleibt Spekulation – das soziale Erbe hingegen lässt sich leicht nachvollziehen. Väterlicherseits hat sie die Neigung zur Wissenschaft geerbt, mütterlicherseits die Neigung zum Musischen. Im Haus hängen überall Bilder von der Großmutter, eine dieser Pionierinnen des frühen 20. Jahrhunderts, die sich die Ausbildung in der frauenfreien Malklasse erkämpfte, die höchsten Gipfel bestieg und dann doch Hausfrau wurde – aber nie aufgehört hat zu malen. Unter ein Selbstporträt schrieb sie: C'est moi. Das bin ich.)

Schwarzer Mit 42 sind Sie dann Direktorin an dem Institut geworden, an dem Sie einst als Doktorandin begonnen hatten.

Nüsslein-Volhard Und seither hat sich meine Arbeit gewandelt. Früher habe ich selber im Labor geklotzt, Tag und Nacht, mit meinen eigenen Händen. Heute habe ich vor allem mit Ausbildung und Verwaltung zu tun.

Schwarzer Und Ihr Mann?

Nüsslein-Volhard Wir sind schon lange geschieden. Als ich so vorpreschte in der Forschung, ist er irgendwann zurückgeblieben. Er lehrt heute an einer Fachhochschule.

Schwarzer Sie erwähnen immer wieder Ihre Schüchternheit. Gleichzeitig aber waren und sind Sie sehr entschieden. Entschieden in der Sache – und schüchtern als Frau?

Nüsslein-Volhard Das stimmt. In der Sache war ich immer sehr verwegen.

Schwarzer Wie war denn Ihre Arbeitsteilung mit Eric?

Nüsslein-Volhard Wir sind zusammen nach Heidelberg, und sie haben uns da als Forschungspaar eingesetzt. Das war 1975. Nein, im Leben waren wir kein Paar. Wir haben beide geforscht, aber ich war für alles Organisatorische zuständig.

Bis es dann einen Knall gab – und er sich mitgekümmert hat. Ich war ihm wirklich dankbar.

Schwarzer Und die Frauenbewegung? Hat die Sie beeinflusst?

Nüsslein-Volhard Nee. Zu der Zeit hatte ich noch gar nicht begriffen, dass ich als Frau diskriminiert wurde. Nur den *Kleinen Unterschied* habe ich 1977 gelesen – das Buch habe ich heute noch. Die Frauendiskriminierung gab's, aber der Feminismus kam nicht vor in meinem Leben. Und für meine Schwestern, die in diesen Kreisen verkehrten, war ich immer nur die Chemiemuffe. Die redeten mit mir über so was nicht.

Schwarzer Und das blieb so?

Nüsslein-Volhard Nein. Irgendwann habe ich dann gemerkt, dass man's schwerer hat als Frau. Die Männer redeten mit einem wie mit einer Tochter, nicht wie mit einer Kollegin. Ich bin dann sehr wütend geworden. Gott sei Dank war ich als Forscherin erfolgreich, sonst hätte ich das nicht durchgestanden. Zu einer Kollegin, die eher frauenrechtlerisch war, aber in der Arbeit nicht so gut, hat mein Professor mal gesagt: Eigentlich können Frauen gar keine Wissenschaft machen. Ich saß daneben. Da hat sie gefragt: Warum denn nicht? Wegen der Hormone, hat er geantwortet. Nur manches könnten die Frauen besser. Was denn?, hat sie gefragt. Da hat er ganz lange nachgedacht und dann gesagt: Die Töpferei.

Schwarzer Und Sie, was haben Sie gesagt?

Nüsslein-Volhard Ich? Kein Wort. Ich war so wütend! Das war mein Fliegenchef ...

Schwarzer War so was nicht drückend?

Nüsslein-Volhard Ja. Man denkt dauernd darüber nach: Bin ich auch gut genug? Und man geniert sich, noch was zu sagen, weil man Angst hat, gesagt zu kriegen: Du bist eben nicht so gut. Man konnte ja nicht mal alleine mit seinem Chef im Labor sein, ohne dass es missverstanden wurde. Ich erinnere mich, dass ich mir damals gewünscht habe, 60 zu sein: damit man miteinander arbeiten kann, ohne als Frau Objekt zu sein. Sicher, auch Männer haben Zweifel – aber für Frauen können sie tödlich sein.

Schwarzer Und Eric und die anderen Kumpel?

Nüsslein-Volhard Das waren gute Freunde. Aber wenn die Freundinnen hatten, dann ging unsere Freundschaft in die Brüche. Diese Freundinnen waren immer eifersüchtig auf mich. In der Arbeit hatten Eric und ich gar keine Konkurrenz, wir waren absolut gleich. Aber die Forschung ist ja auch kreativ, und da kann man nicht auf Dauer symbiotisch zusammenarbeiten. Er ist also irgendwann nach Princeton gegangen und ich nach Tübingen.

Schwarzer Und 20 Tage später haben Sie dann zusammen den Nobelpreis gekriegt.

Nüsslein-Volhard Und ich habe mich wahnsinnig gefreut, dass wir ihn zusammen gekriegt haben! Ich weiß nicht, wie die Männer das hinkriegen. Die Preise allein zu kassieren und nicht bei jedem dritten Satz zu sagen: Ja, aber Lise Meitner hat da auch mitgemacht.

Schwarzer Wie ist das denn so, wenn das Telefon klingelt: Herzlichen Glückwunsch zum Nobelpreis!?

Nüsslein-Volhard Schon überwältigend. Ich hatte ja vorher schon reichlich Preise gekriegt, aber gelernt, das zu vertuschen, denn da war der Neid zu groß. Mein erster Preis, der einfach gefeiert werden musste, das war der Nobelpreis.

Schwarzer Wie, der Neid zu groß?

Nüsslein-Volhard Na, wenn ein Kollege mal einen Preis kriegte, dann haben alle darüber geredet. Bei mir ist nie ein Wort gefallen. Das war wohl für die Männer bedrohlich. Ich habe dann versucht, durch besonders burschikoses, saloppes Auftreten die Situation zu entspannen.

Schwarzer Aber diesmal war alles anders.

Nüsslein-Volhard Klar. Anrufe. Knallende Korken. Reden. Und dann die Frage: Was ziehe ich an? Ich war gerade in so einer Phase, wo ich mich um so was so überhaupt nicht gekümmert hatte. Ich hatte ein Hängerchen und zwei Jacketts, mit denen ich schon 20 andere Preise entgegengenommen hatte und die schon ganz verschlissen waren. Aber beim Nobelpreis geht das nicht, da ist Abendkleid Pflicht. Die Nobelpreisträger haben es einfach: Die geben einfach in Stockholm ihre Kragenweite für den Leih-Frack durch – und fertig ist die Chose. Aber eine Frau ... Es war ein Drama. Was zieh ich an in der Talkshow? Was in Stockholm? Eine Schneiderin aus dem Telefonbuch. Teure, total verschnittene Stoffe. Und die Verleihung in ein paar Wochen. Und meine Rede war auch noch nicht geschrieben. Der absolute Stress.

Schwarzer Aber es ist ja dann alles gut gegangen.

Nüsslein-Volhard Ja, ich bin unter Fanfarenklängen in einem bodenlangen Abendkleid aus schwarzem Georgette an der Seite des Königs die Treppe runtergeschritten ... (Jetzt taucht Frieda auf und maunzt. Katze Nummer 2. Sie hat zur Zeit drei Junge, die in einem alten Reisekoffer großgezogen werden. Bis jetzt hat die Herrin der Fliegen und Katzen den Nachwuchs immer gut untergekriegt. Darum erlaubt sie sich die Freude, auch Frieda, Katze Nummer 2, noch mal eine Mutterschaft zu gestatten: vier Kleine im Alter von sechs Wochen, die im Haus hinter allen Stühlen und Vorhängen Überfälle auf harmlos vorübergehende PassantInnen planen. Und die hier nicht nur eine Freude, sondern auch Studienobjekte sind.)

Schwarzer Und wie geht es in den kommenden Jahren weiter?

Nüsslein-Volhard Ich wurschtle mich da so durch. Ich muss eben beides bringen: meinen Mann stehen und irgendwie Frau sein. Das ist anstrengend und kostet viel Zeit und Energie. Aber die Männer haben es ja auch nicht einfach. Die haben dann noch so eine Gattin zu Hause, der sie ein schönes Heim bieten müssen. Ich finde es manchmal richtig schön, nach Hause zu kommen – und niemand ist da, der was von einem will.

Erstveröffentlichung in EMMA 5/2001

Regine Hildebrandt (1941-2001), Politikerin

Als sie nach der Wende an die Öffentlichkeit trat, wurde sie gleich für *EMMA* von einer kundigen Ostberliner Journalistin porträtiert. So kam es, dass ich zu ihren Lebzeiten nie über sie geschrieben habe. Diese Betrachtung nach ihrem Tod scheint mir dennoch in die Riege weiblicher Persönlichkeiten in unserer Zeit zu gehören.

Das erste Mal sah ich sie im Fernsehen. Das war 1993. In Karlsruhe. Da sprach das Bundesverfassungsgericht sein gar nicht weises, sondern sehr halbherziges Urteil zur Reform des § 218. Und die brandenburgische Ministerin wetterte in die laufenden Kameras rein. Mit geschwollenen Halsadern vor Wut.

Ja, hatte die Frau denn gar nichts geblickt? Ist der denn überhaupt nicht klar, dass nach über 20 Jahren zähem Ringen nichts anderes mehr drin ist, als dieser faule Kompromiss? Nö, das sah Regine Hildebrandt überhaupt nicht ein. Was mich verwunderte – und was ich bewunderte. Recht hatte sie!

Das zweite Mal trafen wir uns ein, zwei Jahre später in Ostberlin. In Böhmes Talkshow. Die Dritte im Bunde war Angela Merkel. Und ich erinnere mich an die aufgeräumte Stimmung zwischen uns. Uns dreien schien ohne Worte klar zu sein, was uns verbindet.

Das letzte Mal sah ich sie wieder im Fernsehen. Auf dem Parteitag. Ganz disziplinierter Parteisoldat. Denn das konnte sie, bei allem Temperament, auch sein: in Wahrheit sehr besonnen und genau kalkulierend, wann sie ausbüxte und wann nicht. Beim Protest gegen die frauenfeindliche Rentenreform zum Beispiel, da hat sie nicht mitgemacht. Inzwischen hatte sie anscheinend begriffen, wann noch was drin ist und wann nicht. Schade eigentlich.

Das letzte Mal live aber sah ich sie bei ihr zu Hause. Da draußen am See. Im Sommer. Wir kamen beide gleichzeitig vor ihrer Haustüre an. Sie im Dienstwagen mit Fotografin im Auto. Die machte dann rasch noch ein Foto von den „beiden Emanzen". Inzwischen war Regine Hildebrandt aus Wut über Stolpes Koalition mit der CDU („die Arschlöcher") von ihrem Ministerinnen-Posten zurückgetreten. Machen auch nicht viele. Aber von der Politik war sie nicht zurückgetreten, obwohl sie seit langem wusste, dass sie todkrank war. Die Hildebrandt sauste als Ombudsfrau Ost durch die Lande und konnte gar nicht genug Ohren haben zum Zuhören und Hände zum Schütteln.

Im Haus setzte Regine sich gar nicht erst hin. Rein in die Küche, den Einkauf ausgepackt. Nach rechts und links „Hallo Kinder" gerufen. Und dann hin und her gerannt zwischen Küche und Terrasse. Denn es gibt reichlich Esser im Hause Hildebrandt.

Am Familientisch gehörte ich selbstverständlich einfach dazu. Ich wurde ganz nostalgisch: Hat schon was, so eine Großfamilie. Und dann wurde ich ruhig. Regine auch. Wir beide wurden temperamentvoll plattgeredet von der superkritischen Hildebrandt-Tochter. Auch mal schön.

Die Regine Hildebrandt aber, die mir jetzt nach ihrem Tod vor Augen steht, ist eine andere als die notorische Aktivistin. Es ist die Besinnliche, die Philosophin. Es muss schon fast Mitternacht gewesen sein, als sie mich mitnahm in den Garten, ans Seeufer. Da stand ihr Fernrohr. Guck mal, sagte sie, hier stehe ich oft abends und gucke in den Himmel.

Erstveröffentlichung in EMMA 1/2002

Hannelore Elsner, Schauspielerin

Meine Begegnung mit ihr fand wenige Wochen vor ihrem großen Durchbruch mit der *Unberührbaren* statt: dem Durchbruch als ernst zu nehmende Schauspielerin. Seither reiht sich Erfolg an Erfolg, und wird beim Namen Elsner längst nicht mehr die Kommissarin assoziiert, sondern die Schauspielerin. Das war in dem Moment, als ich sie besuchte, noch nicht so.

Frankfurt, im Januar 2000. Ein bisschen müde schaut sie aus, ist aber springlebendig. Heute morgen ist sie erst um sechs ins Bett gekommen, morgen geht's weiter. Dreharbeiten. Wir treffen uns in ihrer sympathisch chaotischen Frankfurter Dachwohnung. Wir kennen uns nur flüchtig, sind aber ein Jahrgang und entdecken reichlich Gemeinsamkeiten.

Zwischendurch klingelt immer mal wieder das Telefon. Dann taucht der Sohn auf, einen Freund im Schlepptau. Gestern habe ich sie in *Die Unberührbare* gesehen. Sie hängt mir noch in der Haut: diese so starre und so zarte, so hochmütige und so verzweifelte Frau, die sie mit ihrer ganzen Leidenschaft und Lebenserfahrung spielt, ohne Rücksicht auf sich selbst. Jetzt sitzt sie vor mir. Mädchenhaft, aber erwachsen. Übermütig, aber nicht frei von Melancholie. Wir hocken uns auf ihr bequemes weißes Sofa und fangen an zu reden. Eine Stunde, zwei Stunden, drei Stunden ...

*

Ich fühle mich heute sehr frei und sehr leicht. Ein bisschen melancholisch. Im Rückblick denke ich, ich hätte viel mehr Zeit mit mir selber verbringen müssen. Ich habe lange gebraucht, bis ich mich entpuppt habe. Erst vor fünf, sechs Jahren bin ich endlich aus mir rausgekommen, endlich das geworden, was ich bin. Ich weiß nicht, was es war, aber irgendwas hat mich früher unendlich verschlossen, richtig zugemacht. Es war wie eine Mauer um mich herum. Und es kam auch nichts raus aus mir. Ich kam mir oft vor wie eine Somnambule.

Manchmal habe ich gedacht, ich mache diesen Beruf nur, um mal aus mir rauszukommen. Ich hab geglaubt, ich bin dumm und kann nicht reden. Ich habe mich so gefürchtet vor der Außenwelt. Auch darum bin ich nie in Talkshows gegangen.

Ich war auch immer so verfügbar für die anderen, habe immer mein Licht unter den Scheffel gestellt. Ich hab gedacht, ich bin nicht gut genug. Ich sehe das auch auf früheren Fotos: dass ich noch nicht da bin. Ich war so glatt. Ich hab immer meine Pflicht erfüllt ... Ein fürchterliches Wort.

Ich finde es allmählich eine Zumutung, dass ich in meinem Alter dauernd über mein Alter reden soll. Warum? Das ist ja im Moment ein Thema: die Klassefrauen, die Powerfrauen. Wir sehen heute effektiv jünger aus. Heute bin ich mehr ich selbst als vor 20, 30 Jahren. Früher war ich wahnsinnig wütend, wenn mein Alter thematisiert wurde. Dabei kenne ich das Thema, seit ich auf der Welt bin. Ich war immer schon alt. Als ich 24 war, haben sie mich schon gefragt, ob ich Angst habe, 25 zu werden. Das ist doch lächerlich. Wenn man nicht alt werden will, muss man eben früher sterben.

Es gibt ja diese Frauen mit diesen angsterfüllten Gesichtern, diese mittelalterlichen, die so perfekt geschminkt sind, mit Rouge und so, wie aus der *Brigitte* rausgelesen. Das ist wirklich alt – weil es so verzweifelt ist.

Liften? Ich glaube, das würde ich nie tun. Früher dachte ich ja, man müsste da nur so einen Abnäher machen. Aber dann habe ich gelesen, dass die ganze Haut abgelöst und nach hinten gezogen wird. Da werden also alle Nerven durchtrennt. Ein Wahnsinn. Na, und dann siehst du aus wie 28 – aber du bist es ja nicht!

Ich war immer zu hübsch. Ich musste mich lange entpuppen. Ich habe erst mit 40 was von Erotik kapiert. Also von meiner eigenen Erotik ... (lacht) Da habe ich erst begriffen, wie erotisch ich gewesen sein muss mit 19. Die erotische Frau, die schöne Frau, das verfolgt mich ja schon mein ganzes Leben. Das ist auch eine Krux. Allmählich habe ich das anständig überlebt.

Ich behaupte, dass ich durch mein Hübschsein, wofür ich nichts konnte, viel zu wenig gute Rollen gekriegt habe. Weil es Anfang der 70er Jahre total verboten war, hübsch zu sein. Wenn eine hübsche Schauspielerin auf der Bühne vorsprach, saßen sie alle unten und wichsten sich einen ab – und wenn dann die Hässliche kam, hat die einen Charakterkopf und kriegt die Rolle. Das war schon immer so.

Ich bin Bayerin. Mein Vater war Salzburger. Geboren bin ich in Burghausen, später sind wir nach Neuötting gezogen. Da war meine Oma. Meine Oma war eine Großbauerntochter aus Niederbayern mit einem langen Zopf, die einen Häusler geheiratet hatte. Ich habe meine Oma geliebt. Bei ihr war alles heil und schön.

Ich vergesse nie den Geruch von den Frühäpfeln. Oder wenn Gewitter war. Und wenn die dann so runterplumpsten. Und es gab einen Blumengarten und einen Gemüsegarten und einen Salatgarten. Und die Wiesen. Im Häusl gab es ein Plumpsklo und Ziegen, Hühner und Gänse. Da habe ich lauwarme Ziegenmilch getrunken. Diese Kindheit hatte für mich so was Leuchtendes, so was Wildes, so was ganz Archaisches. Ich konnte machen, was ich wollte – da ist mein

99

Sohn, der in der Stadt aufgewachsen ist, ein armer Schlucker dagegen.

In meinen ersten zwei, drei Lebensjahren waren mein Bruder Manfred und ich ein Herz und eine Seele. Ich war wie angeschlossen an ihn. Er war sechs, als er von den Tieffliegern erschossen wurde. Ich war drei. Meiner Mutter konnten wir es erst gar nicht sagen, die lag im Krankenhaus und kriegte gerade meinen kleinen Bruder Bernd. Einer starb und einer wurde geboren, fast im selben Moment.

Und dann wurde mein Vater auch krank. Tuberkulose. Er starb, als ich acht war. Ich erinnere mich noch genau, wie ich mit meinem Erstkommunionskleid an seinem Sterbebett saß, die ganze Nacht. Diese unendliche Sehnsucht bei mir nach dem großen Prinzen ist ja logisch. Mein Bruder war mein Prinz. Und dann war mein Vater mein Prinz. Und die hauen einfach ab ...

Meine Mutter hab ich oft nicht gemocht – weil sie so kapriziös war, so äußerlich ... Und dann kamen die ganzen „Onkels" an. Sie war erst 35, und ich dachte: Diese alte Kuh, wozu braucht die noch 'nen Mann? Wie ungerecht ich da war, mit acht.

Ich bin als Mädchen von einer Schule zur anderen geflogen, weil meine Mutter das nicht im Griff hatte. Sie hatte ein Schreibwarengeschäft in Burghausen, und ich holte morgens die Zeitungen vom Bahnhof und ging danach in der Altstadt aufs Gymnasium. Wir waren sechs Mädchen unter 600 Schülern und verbrachten die Pausen immer auf'm Klo. Das ist ja klar, das ging ja gar nicht anders.

Damals habe ich immer die Augen niedergeschlagen, hab nie gelacht – wegen meiner beiden Eckzähne – und hatte immer die Kerle hinter mir her. Ich war ja auf so vielen Schulen: zum Beispiel im Kloster in Neuötting, auf der Klosterschule in Passau, auf dem humanistischen Gymnasium in Burghausen. Da saß ich an dem schönen Wöhrsee und hab den ganzen Sommer Latein und Griechisch nachgelernt, weil ich Ärztin werden wollte – und dann hat meine Mutter alle Zelte abgebrochen und ist nach München geflüchtet, weil in Burghausen alles schief gelaufen war.

Meine Mutter hat immer geheult, wir hatten nie Geld, es war entsetzlich ... Und dann kam ich in München auf die Handelsschule und hab mich total verweigert. Da hab ich 'ne Englischarbeit abgegeben und habe draufgeschrieben: I don't know anything. Ich wollte nicht, ich hatte keine Lust mehr. Ich hatte keine Perspektive, null. Ich hab Zeitungen ausgetragen und rumgejobbt.

Meine Entdeckung war wie im Loreroman. Ich ging mit meiner Mutter durch München, da fuhr ein Auto vorbei und drin saß ein türkischer Regisseur. Der wollte mich unbedingt haben. Wir fuhren also in die Türkei zu Probeaufnahmen, mit meiner Mutter natürlich, weil ich noch nicht 16 war. Und da war auch noch so eine 20-Jährige dabei, die war wie eine Miss Germany, groß und blond. Die fand ich ganz toll. Die hatte ein Verhältnis mit dem Produzenten. Der türkische Regisseur war in mich verliebt – aber der war mir zu alt, er war schon 24. Wir haben wochenlang geprobt, es ist nie ein Film dabei rausgekommen.

Aber daraus entstand ein Ausbildungsvertrag bei dieser Filmfirma. So was gab's damals noch. Also ging ich auf die Schauspielschule. Ich war in dieser Zeit mit meiner ersten Liebe zusammen, mit Fritz. Ich war 16 und er war 22 und wollte Pilot werden. Ich war so entwaffnend naiv, so überhaupt nicht berechnend. Ich hatte den Stolz meiner Großmutter. Ich habe mir gesagt: Was ich haben will, das verdiene ich mir selber. Dadurch habe ich auch nie was geschenkt gekriegt ... Schade eigentlich.

Ich hatte einen regelrechten Komplex, als ich jung war. Ich hab nur mit unwichtigen Männern geschlafen. Ich hatte nie was mit diesen alten Knackern, mit keinem. Natürlich

101

wollten sie alle – aber du konntest auch Nein sagen. Vielleicht hab ich damals auch viele Rollen nicht gekriegt, weil ich Nein gesagt hab, kann schon sein.

Ich musste Geld verdienen – das war das Einzige, woran ich gedacht habe. Für die Ausbildungsverträge musste ich dann in Filmen wie *Freddy unter fremden Sternen* spielen. Die Geliebte, die Hauptrolle, war Vera Tschechowa. Und ich war die Naive mit den Zöpfen. In den frühen 60ern, der Zeit, von der alle sagen, sie hätten Halbpornos gemacht, weil sie Geld verdienen mussten, da habe ich Lausbubenfilme gemacht. Das waren sehr gut gemachte Kinofilme für Schüler, da spielte ich eine französische Austauschschülerin oder so – und hab immer gehofft, die sieht niemand. Ich hatte nämlich einen ganz anderen Filmgeschmack.

Und dann hab ich ja ganz bald Theater gespielt, anfangs Boulevardtheater. Da hab ich die Miezen und Kammerzofen gemimt. Und Percy Adlon, der später die tollen Filme mit der Sägebrecht gemacht hat, hat da meinen Liebhaber gespielt.

Später wurde ich engagiert an die Münchner Kammerspiele für *Tango* von Mrozcek. Das war natürlich toll. Dieter Giesing führte Regie. Und Peter Stein war Regieassistent. Zwei Wochen später rief das Antitheater an, Fassbinder. Da hab ich gesagt: Das geht jetzt nicht mehr. Schade eigentlich. Passende Regisseure für mich habe ich selten getroffen – wie zum Beispiel einen John Cassavetes oder einen Lars von Trier.

Als das mit der APO losging, stand ich irgendwie daneben. Wenn die da ihre Maobibel geschwungen haben, das fand ich ganz merkwürdig. Und auch verlogen. Ich gehörte sowieso nie zu irgendwas – was mir manchmal Leid tat. Ich wäre gerne in so einer Clique gewesen. Aber als das losging, war ich in Paris und hab Französisch gelernt.

Später hatten wir dann so eine Clique in München, mit Alf

Brustellin, Volker Schlöndorff, Edgar Reitz, Ulla Stöckl ...
Und da habe ich erlebt, dass man als Schauspielerin als der
Besitz eines Regisseurs gehandelt wurde. Ulla Stöckl, die ich
sehr schätze, wollte mit mir drehen, aber sie konnte mich
nicht nehmen, weil ich ja die Schauspielerin von Edgar Reitz
war. Ich erkannte plötzlich, wie ich in diesem Kreis, den ich für
meine künstlerische Heimat hielt, verschachert wurde.

Dann habe ich mit Alf Brustellin Filme gemacht, und
dann war ich nur noch die Schauspielerin von Brustellin ... Ich habe echt Pech gehabt: Ich war als Schauspielerin
einfach zur falschen Zeit im falschen Land. So richtig los
ging es erst Mitte der 70er: mit *Berlinger* und der *Reise nach
Wien* oder *Der Sturz* nach Martin Walser. Natürlich hätte ich
auch wahnsinnig gern eine Rolle wie die Katharina Blum
gespielt ...

Im April kommt *Die Unberührbare* in die Kinos, das ist
die Lebensgeschichte der Schriftstellerin Gisela Elsner (die
Namensgleichheit ist ein Zufall). Für mich ist diese Rolle die
aufregendste und schönste, die ich je gespielt habe. Wir
haben sechs Wochen lang gedreht, Tag und Nacht. Das war
wie eine Katharsis. Ich war fasziniert von Elsners Mut, ihrer
Ausstrahlung. Ihre Erfahrungen waren mir so vertraut –
nicht die der Tablettensucht, sondern die der Desillusionierung, die so schwer auszuhalten ist.

Schon zu Lebzeiten war Elsner eine sehr umstrittene
Figur, mit ihrem unerbittlichen Blick, ihrer Starre und ihrer
Kriegsbemalung. Aber für mich ist sie eine Prinzessin ohne
Reich. Sie hatte etwas unglaublich Kindliches und unwirk-
lich Schönes. Die Elsner war eine Großbürgerstochter und
überzeugte Kommunistin. Bekannt geworden ist sie in den
60ern, dann ist sie ins Vergessen gerutscht. Zuletzt war sie in
der DDR bekannter als in der Bundesrepublik. Der Fall der
Mauer hat ihr dann die letzten Illusionen geraubt – sie hat
sich umgebracht.

Ich bin ja eigentlich eine Tragödin: himmelhoch jauchzend, zu Tode betrübt. Das ist eigentlich mein Leben. Trotzdem hab ich mich schon erschrocken, als ich dann den Film zum ersten Mal gesehen habe: wie viel Drama da in mir drin ist.

Der Bernd Eichinger war der Beste. Der hat mich überhaupt nicht eingeengt. Der liebt es geradezu, wenn man seine Meinung sagt. Der war in mich verliebt und hat mich geachtet. Er hat mich auch nicht mit diesem ganzen Liebeskitsch zugesülzt. Und wenn ich mal gesagt habe: Nein, heute nicht – dann konnte ich das sagen. Ohne Verlustangst. Der ist für mich bis heute ein sehr lieber Freund geblieben.

Mit Alf Brustellin hätte es vielleicht genauso werden können. Aber wir haben uns nach sieben Jahren getrennt. Leider. Dann habe ich mein Baby gekriegt von Dieter Wedel. Ein Sechsmonatskind. Das war nicht einfach. Nein, Wedel ist nicht der Vater von Dominik, er ist sein Erzeuger. Als dann Brustellin und ich wieder zueinander wollten, ist er tödlich verunglückt.

Das mit meinem Kind war nicht immer einfach. Aber es hat mich wirklich auf den Punkt gebracht. Ich musste Verantwortung übernehmen. Und wirkliche Liebe habe ich auch mit ihm kennen gelernt, also so eine Liebe, für die man nichts zurückhaben will. Jetzt löst Dominik sich ab. Ein schwieriger Moment für uns beide. Ich bin ja seit 18 Jahren mit ihm zusammen. Und er ist mir der liebste und wichtigste Mensch auf der Welt.

Mit Uwe Carstensen war ich 10 Jahre zusammen. Die Trennung hat sehr weh getan ... Ich bin mein Leben lang treu gewesen. *Ich schenke dir meinen Mann!*, das ist auch ein Stück meine Geschichte. Vielleicht war der Film auch deshalb so ein Erfolg ... Gerade drehe ich die dritte und vierte Folge, die kommen dann im Herbst. Jetzt bin ich vorsichtiger geworden. Und nehme mich selbst ernster.

Warum dauert es nur so lange? Das ist doch zum Verrückt-
werden! Ich glaube, solange man die ganze Zeit mit dieser
verdammten Sexualität beschäftigt ist, mit diesen ganzen
Bettgeschichten, mit diesen Männern – das nimmt einem so
viel vom eigenen Frausein weg. Wie oft habe ich gedacht:
Gott sei Dank habe ich diesen Beruf! Da bin ich öfter im
Hotel und kann auch mal alleine im Bett schlafen. Muss
man denn jede Nacht ins selbe Bett kriechen, auch wenn
man sich mal nicht riechen kann? Das ist doch grauenvoll.
Aber ich habe natürlich auch selbst dazu beigetragen.

Freundinnen hatte ich nie. Das fing erst vor fünf, sechs
Jahren an: dass ich plötzlich ein ganz warmes Verhältnis
zu Frauen habe, und dass Frauen auf mich zukommen. Das
ist neu.

Und die Frauenbewegung? Die war mir eigentlich am
Anfang eher egal. Was hieß schon „Mein Bauch gehört mir"?
Mein Bauch gehörte immer schon mir. Da war ich schon
immer emanzipiert, äußerlich. Aber innerlich, gefühlsmäßig,
war ich beeinflussbar und manipulierbar. Innerlich war ich
nicht emanzipiert. Und natürlich konnte ich mit Frauen
nichts anfangen – die waren mir fremd. Ich mochte nur unabhängige, richtig gescheite Weiber.

Heute hat sich mein Verhältnis zur Frauenbewegung
geändert. Heute finde ich: Ich gehöre dazu! Das ist doch
selbstverständlich. Wir Schauspielerinnen sind doch die, die
auf dem Tablett stehen, die die Frauen repräsentieren. Und
ich denke, dass wir das gar nicht so schlecht machen.

Das mit dem Frausein, das habe ich ja schon einige Zeit
geübt. Das war natürlich am Anfang alles nicht so einfach.
Aber ich fühle mich inzwischen von Männern gar nicht mehr
so angegriffen, das ist vorbei, das hat man überlebt. Doch
dass man von Frauen angegriffen wird, das finde ich ziemlich heftig.

1991 ist mir die Rolle zum ersten Mal angeboten worden.

Die Tigerin sollte das heißen, *Die Kommissarin* hab ich erfunden. Den Namen Lea Sommer hab auch ich mir ausgedacht, die sollte erst „Martina Winter" heißen. Das ist doch
ein Name für ein Model und nicht für eine Kommissarin.
Aber damals ist nichts daraus geworden. Da haben die sich
noch nicht getraut, eine Frau als Kommissarin zu besetzen,
die haben gedacht, das läuft nicht.

Na, 1993 ist dann endlich was draus geworden. Ich wurde
die erste Kommissarin im deutschen Fernsehen. Aber ich
musste mich richtig durchsetzen, auch im Team. Die konnten alle gar nicht so richtig begreifen, dass jetzt 'ne Frau die
absolute Hauptrolle spielt. Auch Til Schweiger wusste
immer nicht, wie er mit mir durch die Tür gehen sollte: Der
drängte sich immer vor. Da hab ich ihm gesagt: Hör mal zu,
du bist hier der Assistent – und ich bin die Kommissarin.
Dann hat's geklappt.

Die Reaktionen der Kritik waren am Anfang unmöglich,
vor allem die Kritikerinnen. So was von fies, so was von bis-
sig. Die schrieben: die mit ihrer Fönfrisur ... und wie sie
ihre Lippen nachgezogen hat ... und der Eyeliner ... und
der Minirock. Als ob das hier (zieht ihr Kleid bis zum Knie)
ein Minirock wäre! Hannelore Hoger hat ja auch solche
Röcke (zeigt übers Knie). Aber da sagt niemand was. Man
muss endlich mal akzeptieren, dass ich nicht dauernd in der
Schönheitsfarm und auf Diät bin, sondern dass ich einfach
so aussehe. Alt werde ich sowieso jetzt bald. Nur die *FAZ*
hat's schon früh kapiert, die schrieb über die Kommissarin:
lässig und verletzlich. In ihrer Lederjacke über dem Kostüm
kann sie sich nicht entscheiden zwischen Draufgängerin und
Dame.

Aber die Zuschauer, die waren von Anfang an begeistert.
Die Kommissarin ist die bestgehende Vorabendserie überhaupt. Man redet schon von einer Kultserie, was immer das
heißen mag. Ich kriege Briefe von Menschen von 12 bis 82.

Wenn mir ein junges Mädchen schreibt: Ich bin 14, und ich möchte Schauspielerin oder Kommissarin werden, denke ich, wir haben da eine bestimmte Vorbild-Funktion. Wir sind endlich so weit, dass wir im Fernsehen und auch im Film anständige Berufe spielen dürfen!

Seit ein paar Jahren meditiere ich. Überlebenstraining. Und ich habe mir schon lange so eine Notübung angeeignet: das Sonnengebet. Das ist eine bestimmte Abfolge von Yoga-übungen, die den Körper entgiften und wunderbar geschmeidig machen und sehr gut für den Kreislauf sind. Ich hab nämlich niedrigen Blutdruck. Yoga und so Zeug mache ich ja schon länger. Aber körperlich. Für geistiges Yoga esse ich zu gerne, trinke ich zu gerne und lebe ich zu gerne.

Vor ein paar Monaten hatte ich eine Lesung in Dortmund. Ich mache viele Lesungen, auch auf CD. Ich liebe das! Es macht mir einen Wahnsinnsspaß, Literatur zu lesen.

Anschließend ging man mit den Honoratioren der Stadt und ihren Gattinnen noch was essen. Irgendwann wurde ich müde und bin aufs Klo und hab da eine geraucht. Plötzlich kamen die ganzen Frauen hinter mir her. Sie rückten ganz nah an mich ran, als wollten sie mich mit der Lupe angucken. Ich denke, die wollten gucken, ob ich geliftet bin.

Und dann haben sie mich gefragt, was ich so mache. Ich hatte da schon ein bisschen was getrunken und habe gesagt: Ich mache Yoga. Wie Yoga? Und da habe ich den Frauen auf dem Klo das Sonnengebet vorgemacht. Das ist eine ziemlich komplizierte Übung: so zwischen Schlange und Fakir. Die standen alle zehn um mich rum und staunten.

Irgendwann ging die Tür auf und ein Mann steckt den Kopf rein. Die haben uns gesucht. Angeblich hat das alles über eine Stunde gedauert – wir haben das gar nicht gemerkt.

Erstveröffentlichung in EMMA 2/2000

Gerda Lerner, Historikerin

Sie war für einen Kongress des FrauenMediaTurm von New York nach Köln gekommen. Heute gilt die Autorin des Klassikers *Die Entstehung des Patriarchats* als die international bedeutendste Historikerin im Bereich der Geschichte der Frauen. Der Weg der geborenen Österreicherin, die vor den Nazis emigrieren musste, dahin war weit und untypisch: Sie studierte überhaupt erst nach der heute so genannten „Familienphase". In Deutschland tat sie sich auch in diesen Tagen selbst unter gleichgesinnten Feministinnen nicht leicht – sie hatte bis kurz zuvor ihre Muttersprache überhaupt nicht mehr gesprochen.

Alice Schwarzer Als wir uns zum ersten Mal getroffen haben, hast du mir gesagt, du hättest seit 50 Jahren kein Deutsch gesprochen.

Gerda Lerner Als junge Frau bin ich aus Österreich zwangsvollerweise ausgetrieben worden, wie alle Juden. Danach konnte man sich das Deutsch der Deutschen nicht mehr anhören. Hitler hat alles mögliche Schreckliche getan. Aber eines der schrecklichsten Dinge war, dass er die deutsche Sprache vergewaltigt und vollständig zerstört hat.

Schwarzer Wie alt warst du da?

Lerner Ich habe meinen 18. Geburtstag im Gefängnis verbracht, als Geisel für meinen Vater, der geflohen ist. Man hat mich nur unter der Bedingung aus dem Gefängnis gelassen, dass ich Österreich sofort verlasse. Das musste ich unterschreiben. Das war 1938. Gleich nach dem Anschluss Österreichs an Nazideutschland. Aber dann hat man es mir, wie allen anderen jüdischen Menschen, unmöglich gemacht wegzugehen. Wir mussten uns wöchentlich bei der Polizei melden, meine Mutter und ich. Und da hat man uns jede Woche erzählt, die nächste Woche kommen wir nach Dachau. Einen Monat vor der Kristallnacht sind wir endlich herausgekommen. Ich bin dann nach Amerika, ein Jahr später, alleine.

Schwarzer Und deine Mutter?

Lerner Meine Mutter ist in Frankreich geblieben, sie wurde in Gurs im Konzentrationslager interniert.

Schwarzer Du kamst also allein in Amerika an.

Lerner Ja. Ich kam in Amerika an mit dem Äquivalent von fünf österreichischen Schillingen in der Tasche, mehr durfte man damals nicht mitnehmen. Aber Kisten mit Hausgeräten durften wir mitnehmen. Ich kam also in Amerika an mit einer Kiste. Darin war ein Federbett! (lacht) Und mit einem Koffer voller herrlicher, unzerstörbarer europäischer Kleider, die in Amerika eine Katastrophe waren.

Schwarzer Wieso?

Lerner Na, jeder konnte sehen, dass ich direkt vom Schiff gekommen war! Ich hatte diesen herrlichen englischen Tweedmantel, aber so was trug man doch in Amerika nicht. Die Leute haben mich angeschaut! Aber ich konnte nichts anderes kaufen, ich hatte fünf Schilling.

Schwarzer Und was hast du dann gemacht?

Lerner Ich bin fast verhungert. Ich habe mich gefürchtet, zu irgendwelchen jüdischen Agenturen zu gehen, und habe lieber allein Arbeit gesucht. Aber ich kam ja direkt vom Gymnasium, mein Englisch war fürchterlich schlecht. Ich habe versucht, in einer Fabrik zu arbeiten, da hat man mich rausgeschmissen. Dann habe ich als Dienstmädel gearbeitet. Da hat es gewöhnlich drei, vier Stunden gedauert, und dann hat

110

die Dame gesagt: „Sie haben zu viel Bildung für diese Arbeit!" Ich habe jeden Drecksjob gemacht, den es für Frauen gab, jeden. Das war sehr lehrreich. Für zwölf Dollar die Woche habe ich 48 Stunden als Kellnerin gearbeitet. Ich musste hohe Stöckelschuhe tragen, die mir für mein ganzes Leben meine Füße verschandelt haben, und ein Kostüm, das aussah wie aus dem Dreimäderlhaus. Ich musste es auch selber waschen und bügeln, am Sonntag – dem einzigen freien Tag, den man hatte. Dann habe ich eine Ausbildung zur Röntgentechnikerin gemacht. Wieder musste ich Kaffee kochen, für die Ärzte, und den Mantel halten für den Herrn Doktor, und solches Zeug. Wenn man auf der Straße Deutsch gesprochen hat, wurde man angepöbelt. Als „feindliche Ausländer", also „enemy aliens", mussten wir uns jeden Monat melden.

Schwarzer „Alien" ist das Leitmotiv deines Lebens.

Lerner Stimmt. Man konnte nicht in die Armee, man konnte nicht in die Kriegswirtschaft – bis ich die amerikanische Staatsbürgerschaft bekam. Zu der Zeit konnte ich kein Deutsch mehr hören, ohne dass mir schlecht geworden ist.

Schwarzer Darf ich fragen, was aus deinen Eltern geworden ist?

Lerner Meine Mutter kam todkrank aus dem Lager heraus und ist dann nach langem Leiden in der Schweiz gestorben. Mein Vater war die ganze Zeit in Liechtenstein. Er hatte dort als Vorbeugung ein Geschäft eröffnet, im Jahre 33, das hat uns das Leben gerettet. Er war Apotheker. In dem Jahr, als meine Mutter und ich im Gefängnis saßen, hat er drei Herzanfälle gehabt. Meine Schwester war mit meiner Mutter in der Schweiz, sie ging dort zur Schule.

Schwarzer Hatte deine Mutter auch einen Beruf?

Lerner Sie war Malerin. Das herrlich Schönste, was uns je passiert ist, ist: Sie wurde jetzt vom Jüdischen Museum in

Wien entdeckt. Und die geben ihr, 50 Jahre nach ihrem Tod, eine Einzelausstellung. Sie heißt Ili (Ilona) Kronstein. Gezeichnet hat sie mit „Ili". Sie war keine berühmte Malerin, sie hat aber im Exil großartige Sachen gemacht.

Schwarzer Sind ihre Bilder gerettet worden?

Lerner Nur ein Teil, aber doch 150 Bilder. Aber um auf die Sprache zurückzukommen: Nach dem Krieg kam ich mehrmals nach Österreich und Europa zurück. 1948, in den 50er Jahren, in den 60ern. Und jedesmal hatte ich eine Begegnung, die mich ganz fürchterlich aufgeregt und geärgert hat. Da habe ich gesagt: Ich komme nie wieder zurück.

Schwarzer Kannst du ein Beispiel nennen?

Lerner Doch, ja. Natürlich ... (Gerda Lerner bricht das Gespräch ab, sie bekommt Magenkrämpfe, nimmt Tabletten. Wir reden über ihre in Auschwitz ermordete Tante.)

Schwarzer Wann hast du zum ersten Mal von den Vernichtungslagern erfahren?

Lerner (leise) Ich wusste es schon immer. Ich wusste schon in Wien, was vorgeht. Ich war aktiv in der linken Studentenbewegung, Spanien verteidigen und so, und habe die illegalen Zeitungen gelesen. Das Schwarzbuch der Nazimorde enthielt genaue Beschreibungen der Vernichtungsmethoden. (Sie unterbricht das Gespräch)

Schwarzer War deine Familie eigentlich religiös?

Lerner Wir haben die Feiertage gefeiert, ich erhielt eine orthodoxe jüdische Erziehung. Meine Großmutter hielt ein jüdisches Haus. Ich persönlich war als junge Frau nicht mehr religiös. Aber die Familie hat die Kultur beibehalten.

Schwarzer Mit 19 hast du dir vorgenommen, eine „amerikanische Schriftstellerin" zu werden. Mit 21 hast du geheiratet – und zwei Kinder bekommen. Entstand so dein feministisches Bewusstsein?

Lerner Nein, ich bin schon Feministin, seit ich zwölf Jahre alt bin. Meine Mutter war Feministin. Sie hat meine Schwester nach Ibsens Nora genannt. Sie las feministische Bücher und sprach mit uns darüber. Sie war keine politisch aktive Person, aber sie war eine autonome Künstlerin, der es um Gerechtigkeit für die Frauen ging. Ich hab mich schon immer für Frauen interessiert. Und ich hatte eine Freundin, Martha, ein Flüchtlingskind aus Jugoslawien, eine Kommunistin. Die hat sich auch sehr für Frauen interessiert. Wir beide haben zusammen Bücher über Frauen in der Gesellschaft gelesen.

Schwarzer Hat deine Ehe dich zusätzlich sensibilisiert?

Lerner Nein. Ich habe 35 Jahre lang eine sehr glückliche, vollständig egalitäre Ehe gehabt. Mein Mann war Feminist. Trotzdem mussten wir vieles aushandeln. Es war schwierig, seine Arbeit in das Familienleben zu integrieren. In seinem Beruf hatte er nur die Wahl, arbeitslos zu sein oder 75 Stunden die Woche zu arbeiten. Und da konnte er mir natürlich im Haus nicht helfen, ob er wollte oder nicht. Aber wir haben immer eine Haushaltshilfe gehabt. Wir sind dann nach Hollywood gezogen, denn er war ein sehr erfolgreicher Filmcutter. 1945 wurde ich schwanger und bekam einen Job bei der Gewerkschaft, als Chefsekretärin für einen der Bosse.

Schwarzer Da hast du dir ja keinen Frauenberuf erspart.

Lerner Fast keinen! In der Sexindustrie habe ich nicht gearbeitet.

Schwarzer Du hast aber nebenher geschrieben.

Lerner Immer. Als Erstes einen autobiografischen Roman über die vier Jahre vor dem Anschluss, zwischen 34 und 38. Der Roman erschien 1955 in Österreich und hieß *Es gibt keinen Abschied*. Geschrieben habe ich ihn unter dem Pseudonym „Margaret Reiner" – auf Englisch. Durch meine Bücher habe ich später in Europa Lesereisen gemacht und Vorträge gehalten. Da habe ich ein neues Publikum gefunden, die zweite und dritte Generation. Das hat mich mit der Sprache und mit Österreich versöhnt.

Schwarzer Du hast eine Tochter und einen Sohn. Was haben die für Berufe?

Lerner Mein Sohn ist Regisseur in Hollywood. Meine Tochter ist Familientherapeutin. Als sie ins College ging und mein Sohn schon an der High School war, habe ich ein paar Abendkurse am College genommen. Studieren wollte ich eigentlich nicht. Ich wollte einen historischen Roman schreiben, über die Grimké-Schwestern. Sie waren die einzigen Frauen aus den Südstaaten, die organisiert gegen die Sklaverei gekämpft haben. Dafür wurden sie angegriffen, und zwar genauso wie du und ich heute: weil sie Frauen waren. Man hat sie als Hyänen hingestellt. Dabei waren sie eher brave Mädchen. Doch wenn sie öffentlich auftraten, versammelte sich draußen der Lynchmob und versuchte, den Saal niederzubrennen. Und zwar schon 1838, zehn Jahre bevor die Frauenbewegung in den USA begann.

Schwarzer Die Grimké-Sisters gehören zu den Pionierinnen der amerikanischen Frauenbewegung.

Lerner Ja. Zusammen haben sie zwei Bücher geschrieben. Die eine Schwester, Angelina, hat eine Verteidigungsschrift geschrieben, warum die Frauen gegen den Rassismus kämpfen sollen. Und die andere, Sarah, hat das erste feministische Buch Amerikas geschrieben: eine Bibelanalyse, die sie sich selbst ausgedacht hatte. Nach dem achten Kapitel meiner Grimké-Biografie wurde mir klar: Ich muss Geschichtsforschung betreiben. Ich ging zur „New York School for Social Research" in New York. Das war ein Institut, das von Emigranten gegründet wurde, Hannah Arendt und anderen. Da war ich 39. Vier Jahre habe ich gebraucht, um ein zweijähriges Studienpensum in Abendkursen zu bewältigen. Danach habe ich an der Columbia University über die Grimkés promoviert.

Schwarzer 1963 ist Betty Friedans *Weiblichkeitswahn* erschienen. Kann man sagen, das war so ein feministischer Vorfrühling?

Lerner Nein, gar nicht. Die Wichtigste war Eleanor Flex, eine Journalistin. Sie hat 1955 eine Geschichte der amerikanischen Frauen geschrieben. Und dann gab es noch eine Frau, die in Europa gar nicht bekannt ist: Mary Beard. Sie hat auch Geschichte studiert, hielt sich aber von der Universität fern, weil sie dachte, an dieser patriarchalischen Institution wird man als Frau „brainwashed", kriegt eine Gehirnwäsche verpasst. Sie hat ganz aus sich selbst heraus Mitte der 40er dieses herrliche Buch geschrieben: *Women as Force in History*, Frauen als eine Kraft in der Geschichte. Mary Beard hat die Women's Studies erfunden. Sie hat gesagt: „Es ist Unsinn, dass Frauen keine Geschichte haben. Frauen waren immer an der Geschichte beteiligt." Sie hat es bewiesen. Aber sie wurde nicht anerkannt. Wir Frauenwissenschaftlerinnen haben später Seminare über sie gemacht, und ich habe ein Buch herausgegeben mit ihren Dokumenten.

Schwarzer Du hast dich dann auch im Wissenschaftsbetrieb engagiert.

Lerner Ich habe das erste Institut gegründet, an dem Frauengeschichte für Graduierte unterrichtet wird. Das war 1972, am Sarah Lawrence College, und wir vergaben erstmals einen Master's Degree in Frauengeschichte. Und 1990 habe ich an der Universität von Wisconsin ein Studienprogramm gegründet, das zum Doktorat in Frauengeschichte führt.

Schwarzer Du bist ein doppelter Alien: Du wurdest als Jüdin verjagt und als Frau benachteiligt. Und nun kamst du nach Amerika und trafst ganz neue Aliens: die Schwarzen.

Lerner Genau. Und während ich an der Arbeit über die Grimkés saß, fand ich ganz zufällig viele Belege über schwarze Frauen, die sich schon damals in Organisationen und auch individuell für ihre Rechte eingesetzt haben. Und von diesen Frauen hatte nie jemand etwas gehört. Ich setzte mich mit den zuständigen Experten in Verbindung, weiße und schwarze Männer. Ich habe jeden von ihnen gefragt, ob das wohl eine gute Idee wäre, und die haben alle gesagt: „Das ist unmöglich. Die schwarzen Frauen waren doch Analphabetinnen. Die konnten doch gar nicht schreiben." So ein Blödsinn! Die schwarzen Männer waren genauso ignorant wie die weißen.

Schwarzer Du bist mit diesen drei großen Themen – Frauenhass, Judenhass, Rassenhass – seit Jahrzehnten gleichzeitig beschäftigt.

Lerner Immer schon, mein ganzes Leben lang. Für mich ist die wichtigste Frage: Wie kann man diese Monstrosität des Rassenhasses, des Sexismus, des Klassenhasses, der Homophobie – wie kann man sie verstehen, und wie kann man sie bekämpfen? Darin liegt der Schwerpunkt meiner Arbeit der letzten zehn, zwölf Jahre. Die wichtigste Einsicht ist die: Das zugrunde liegende Prinzip des Ausschlusses einer Gruppe von der Mehrheit ist, dass man aus irgendeiner beliebigen Gruppe eine Devianzgruppe macht.

Schwarzer Man macht sie zu den „Anderen".

Lerner Ja, die Anderen, die uns, der Mehrheit, aus irgendwelchen Gründen unterlegen sind. Die anderen, die minderwertig sind. Es handelt sich dabei immer um denselben Prozess, egal, welche Zielgruppe man jetzt ausschließt. Das hat mir sehr zu denken gegeben. Denn bisher waren wir alle sehr damit beschäftigt, gemeinsam oder parallel, jedes dieser Übel einzeln zu bekämpfen. Man kämpfte entweder gegen den Sexismus oder gegen den Rassismus oder gegen den Judenhass. Auch in der Frauenbewegung.

Schwarzer Das stimmt nicht immer. Die Grimké-Schwestern haben, wie andere Radikale, selbstverständlich gegen den Sexismus und den Rassismus gekämpft. Dasselbe galt für Simone de Beauvoir, und auch wir neuen Feministinnen haben uns immer gleichzeitig gegen Sexismus, Rassismus und Antisemitismus gewandt.

Lerner Das war vielleicht am Anfang der Frauenbewegung

so. Ich spreche von der jetzigen Frauenbewegung, die vollständig parallel arbeitet. Dabei geht es darum, diesen Prozess als Ganzes zu bekämpfen. Das Patriarchat kann nicht ohne Hierarchie existieren, und die Hierarchie kann nicht ohne Devianzgruppen existieren. Wenn man also das Patriarchat loswerden will, muss man die Hierarchien loswerden, also den Prozess unterbrechen, durch den ständig neue Devianzgruppen geschaffen werden.

Schwarzer Aber sind die Frauen als die ersten „Anderen" nicht das Grundraster, das sich durch alles andere zieht?

Lerner Nein, das glaube ich nicht. Zu der Zeit, in der das Patriarchat entstand, war es zwar die erste Aktion, die Frauen zu unterdrücken, aber es waren zuerst nicht die Frauen der eigenen Kultur, sondern die Frauen der besiegten Kultur. Und die wurden dann Sklavinnen, Geschlechtssklavinnen im Harem. Dann erst hat man das auf die eigenen Frauen übertragen. Die ersten Gesetzesdokumente, die wir haben, in denen über das Geschlechtsbenehmen von Frauen bestimmt wird, befassen sich zur Hälfte mit Frauen, zur anderen Hälfte mit Sklaven. Die Sklaverei, der Rassenhass, der ethnographische Hass, und der Hass gegen Frauen werden zur selben Zeit und mit derselben Funktion historisch institutionalisiert. Ihr Anfang hat dieselbe Wurzel.

Schwarzer Du arbeitest gegen das Vergessen.

Lerner Ja. Es gibt zwei Historikergesellschaften, und in beiden haben wir eine Frauenfraktion gegründet. Wir haben uns die programmatische Aufgabe gestellt, erstens auf jeder Ebene die berufliche Situation der Historikerinnen auf den gleichen Level wie die der Männer zu heben, und zweitens zugleich die Frauengeschichte zu legitimieren. Ich war Gründerin und die erste Kopräsidentin dieser Organisation, und 1982 auch der erste weibliche Präsident der „Organization of American Historians". 1968, als wir unsere Organisation gegründet haben, hatte es seit 1931 keine Frau in der Führung der wissenschaftlichen Organisationen mehr gegeben; es gab keine Beiträge von Frauen auf den jährlichen Konferenzen; und es gab so gut wie keine Beiträge von Frauen in den wissenschaftlichen Journalen. Innerhalb von 20 Jahren haben wir Frauen die ganze Profession auf den Kopf gestellt. Wir haben sie übernommen. Wir haben die wissenschaftlichen Gesellschaften demokratisiert und die Gleichheit der Frauen als Richtschnur durchgesetzt.

Schwarzer Am Anfang war das für dich ein Einzelkampf, und du musstest dir Verbündete suchen. Was war das denn für ein Gefühl für dich, als plötzlich wieder öffentlich eine Frauenbewegung auftrat?

Lerner Das war sehr schön. Ich war eine von ihnen, weißt du! Ich bin ein führender Mensch in der Sache. Wir hätten die Umwälzungen an der Universität nie leisten können, wenn die Frauenbewegung uns nicht sozusagen die Schocktruppen geliefert hätte: die jungen Studentinnen, die Ansprüche erhoben. Über die ersten Kurse, die wir in Frauenwissenschaften hielten, zum Beispiel „Über den Körper der Frau", haben die Männer noch gespottet: „Ja, wer wird denn da kommen?" Gewöhnlich nehmen 30 Studenten an einem Kurs teil. Na ja, es kamen 300 Frauen, wir hatten immer die überfülltesten Kurse. In meinem Programm saßen die besten Studentinnen, die die Männer je gesehen hatten, und sie konnten es nicht fassen. Gleich im ersten Jahr haben drei von zwölf Studentinnen Preise bekommen, und seither kriegen wir jedes Jahr mindestens einen. Die Frauen bei uns, muss ich dir sagen, die sind ganz anders als hier.

Schwarzer Wie anders?

Lerner Sie sind anspruchsvoller! Ich hatte 1976 ein Seminar mit den führenden Frauen aller Frauenorganisationen Amerikas: von den Girls Scouts über die Hadassah bis zu den afroamerikanischen Frauen. Von jeder Organisation eine zu einem 21-tägigen Seminar. Die kamen dann, 45 Frauen. Und die repräsentierten Millionen. Das waren die schwierigsten Studentinnen, die ich je in meinem Leben gehabt habe, das kannst du dir vorstellen! Um nur ein Beispiel zu nennen: Natürlich war es selbstverständlich, dass wir die Geschichte der Afro-Amerikanerinnen mit einbeziehen. Und wir wollten auch gerne etwas über Lesben sagen, nur gab es damals noch keine Lesbengeschichte. Da haben wir, meine zwei Kolleginnen und ich, uns gedacht: Na, dann machen wir eine Bibliographie der Bücher, die es gibt, und geben sie den Interessentinnen. Am dritten Tag kam der Aufstand der Lesben: „Skandal! Unerhört! Eine Schande! Wo bleibt unsere Geschichte!" Und da habe ich meinen Spruch gesagt: „Ja, wir kennen das Problem", und dann haben wir unsere Bibliographie rausgezogen. Da haben sie geschimpft: „Das genügt nicht!" Die Studentinnen haben also die Sache immer weiter vorwärts getrieben, und das war natürlich großartig. Auf der nächsten Konferenz hatte ich schon eine lesbische Geschichtsforscherin dabei, die mitgeplant hat.

Schwarzer Und jetzt? Geht es jetzt vor oder zurück?

Lerner Die Zweite Frauenbewegung hat Anfang der 70er Jahre allerhand Siege errungen, die nicht mehr zurückzudrehen sind. Die Women's Studies zum Beispiel! Die haben sich schon in den Gehirnen und in der Literatur eingeschrieben, und die Gleichberechtigung der Frauen im Sport. Aber der Kampf tobt immer noch darum, ob in der Mittelschule für die Mädchenteams dasselbe Geld ausgegeben werden soll wie für die Jungenteams. Zurückdrehbar ist der Anspruch der Mädchen auf gleichberechtigte Teilhabe am Sport aber nicht mehr.

Schwarzer Müssten die Jungen- und Mädchenteams nicht auch irgendwann mal anfangen, zusammenzuspielen?

Lerner Ja, das fängt in Amerika jetzt schon an. Es gibt ja schon einige olympische Sportarten, die nicht mehr nach Geschlechtern getrennt werden, das Reiten zum Beispiel. Weiter gehört zu den unumkehrbaren Siegen, glaube ich, auch die Sensibilisierung gegenüber der Vergewaltigung von Frauen. Das Bewusstsein ist da, ob nun die Gesetze geändert werden oder nicht. Die Tatsache, dass die Frauen im Militär, bei der Polizei und der Feuerwehr inzwischen gleichberechtigt sind, hat auch eine Bewusstseinsveränderung bewirkt. Seit Jahren wachsen unsere Kinder auf und sehen Frauen in diesen Berufen „ihren Mann stehen".

Schwarzer Da haben wir in Europa noch reichlich Nachholbedarf ...

Lerner Ja! Hinzu kommt: Das Erreichte muss gesichert werden. Frauen hat man in der Geschichte immer wieder aus dem Berufsleben gedrängt. Das war in der Weltwirtschaftskrise in den 30ern der Fall, dann wieder nach dem Zweiten Weltkrieg. Und es kann wieder passieren. Aber ich glaube, es wird nicht passieren. Es haben Umwälzungen stattgefunden, die heute so verbreitet sind, dass die meisten Menschen nicht einmal mehr wissen, dass das irgendwas mit dem Feminismus zu tun hat.

Schwarzer Und wo stehen die Amerikanerinnen jetzt?

Lerner Meiner Meinung nach liegt ein viel zu großes Gewicht – ich sehe das auch in Europa – auf der Gewinnung von Macht durch einzelne Frauen, und ein viel zu kleines auf der Veränderung der Gesellschaft. Die Frauen, die einzeln die Macht ergreifen, werden oft wie kleine Männer. Das haben wir nicht nötig. Ich bekämpfe lieber einen untüchtigen Mann als eine tüchtige Frau.

Schwarzer Aber wie willst du Machtverhältnisse ohne eigene Macht verändern?

Lerner Macht muss man von unten aufbauen und ständig den Druck von unten aufrechterhalten. Diese einzelnen Alibifrauen in diesem und jenem Bereich sind völlig sinnlos.

Schwarzer Und als Role Model?

Lerner Da gibt es genug in der Geschichte, dafür brauchen wir sie nicht.

Schwarzer Das heißt, du beklagst die Entpolitisierung und Individualisierung der Frauen.

Lerner Genau. Nehmen wir zum Beispiel den Sport. Da erleben wir die Veränderung von unten ganz deutlich. Meine Enkelin ist ein ganz dünnes, verträumtes Kind. Sie hat zuerst mit Fußball angefangen. Da hat sie den Ball gleich ins falsche Tor geschossen. Aber kürzlich habe ich sie beim Baseball beobachtet, Softball heißt das bei den Mädchen. Sie ist inzwischen Pitcher, Ballwerferin. Mir hat es den Atem verschlagen, als ich das gesehen habe. Da hab ich gedacht: Da ist es, da fängt es an. Die vielen sportlich aktiven Mädchen, die heute in den so genannten Männersportarten Hervorragendes leisten, verändern durch den Sport ihre eigene Lebenseinstellung grundlegend. Und das kann ihnen niemand mehr wegnehmen. Diese Mädchen sind freie Menschen. Sie stehen mit beiden Füßen fest auf dem Boden, sie klettern in die Höhe, sie trauen sich was zu.

Schwarzer Und das Verhältnis der Amerikanerinnen untereinander?

Lerner Gloria Steinem, die amerikanische *Ms.*-Gründerin, hat ihr ganzes Leben lang ein wunderbares Prinzip gehabt: „Wherever you go, take a woman with you." Ich habe das auch immer so gemacht. Wohin du auch gehst: Dein Job ist es, ein, zwei andere Frauen dorthin mitzunehmen. Wenn du das nicht tust, ist mir ganz egal, wohin du gehst. Die Männer machen das ja auch so, sie nehmen immer andere Männer mit. Die neue Gefahr ist, dass die Frauen aus verschiedenen Gründen, die kompliziert sind, sich nicht mehr so bemühen, gut miteinander auszukommen.

Schwarzer Was hältst du für die Gründe?

Lerner Ich glaube, Korruption durch das System. Die Frauen sind wieder stärker miteinander in Konkurrenz. Eine will größer sein als die andere, länger sprechen als die andere, geliebter sein als die andere. Und die dritte Gefahr

121

ist der Bruch zwischen den Akademikerinnen und den anderen Frauen.

Schwarzer Grassiert diese elitäre Akademisierung der Frauenfrage auch in Amerika?

Lerner Nicht ganz so schlimm wie in Deutschland. Hier ist es ja furchtbar! Das liegt daran, dass die akademische Welt bei euch noch ganz patriarchalisch ist, und es gibt nur einzelne kleine Inseln, wo heroische Frauen etwas geschaffen haben.

Schwarzer Verschärfend kommt hinzu, dass die akademische Welt als Ganzes in Deutschland viel abgeschnittener von der Gesellschaft ist.

Lerner Na, das war sie schon immer. Aber es ist noch elitärer geworden, noch autoritärer, und die Männer dominieren noch immer das akademische Leben. Dadurch ist die Kluft zwischen Akademikerinnen und Nichtakademikerinnen hier noch viel größer.

Schwarzer Und dadurch sind die Akademikerinnen bei uns, auch wenn sie über Frauenthemen forschen, sehr angepasst, im Denken wie in der Sprache. Sie sind kaum noch zu verstehen und sehr weit vom Leben entfernt.

Lerner Leider wahr. Ich les' ja das Zeug ... Auf der anderen Seite habt ihr einen besseren Zugang zur Politik als wir in Amerika. Wir kämpfen noch immer um die Repräsentation. Insgesamt gesehen meine ich, dass wir in einer Übergangszeit leben. Die Menschen haben nicht genug Perspektive. Entweder sie sind hoch begeistert oder tief verzweifelt – aber nichts dazwischen. Auch dazu muss man die Geschichte kennen.

Erstveröffentlichung in EMMA 3/2000

Irmtraud Morgner (1933-1990), Schriftstellerin

Wir waren 15 Jahre lang befreundet, bis zu ihrem so frühen Tod. Begegnet sind wir uns zum ersten Mal 1975. Von ihr war gerade der Roman *Trobadora Beatriz de Diaz* erschienen, von mir *Der kleine Unterschied*. Sie galt als *die* Feministin der DDR, ich als *die* Feministin der BRD. Als sie im Herbst 1975 eine Lesung in Westberlin hatte, war es für mich selbstverständlich, dabei zu sein. Und für sie war es selbstverständlich, sich über mein Kommen zu freuen. Natürlich hatten wir das Buch der anderen längst gelesen.

Es war der Beginn einer innigen Freundschaft. Besuche in Ostberlin oder in Westberlin und Köln, gemeinsame Reisen, nach Paris oder einfach nur aufs Land. Immer ein Vergnügen für uns beide, meist kleine Fluchten für sie. Denn in diesen 15 Jahren war auch unsere ganz persönliche Freundschaft, von der das Politische nie zu trennen war, zutiefst geprägt von der Teilung Deutschlands.

Erst durch Irmtraud habe ich das Ausmaß des Dramas richtig begriffen – wobei besonders tragisch war, dass eine Morgner, das Mädchen aus dem bücherlosen Arbeiterhaushalt, wohl nie existiert hätte als Intellektuelle, wenn es eben diese DDR nicht gegeben hätte. Dieser Konflikt begleitete sie bis in den Tod: ihre zunehmende Klarsicht in Bezug auf die Grenzen und Fragwürdigkeiten ihres Regimes, und daneben die nie endende Loyalität mit einem Staat, dem sie ihr Leben verdankte – aber auch ihren Tod.

Irmtraud Morgner ist am 6. Mai 1990 an Darmkrebs

gestorben, brutal zu Tode „gepflegt" in Ostberliner Krankenhäusern. Dass sie die Krankheit zu spät ernst nahm, hat auch damit zu tun, dass sie die Schmerzen für Psycho hielt, mal wieder. So wie damals die Beinahe-Erblindung, als die Zensoren alles taten, um die Veröffentlichung des zweiten Teils ihrer Romantrilogie, *Amanda*, zu verhindern.

Morgner war eine der literarisch innovativsten deutschsprachigen Schriftstellerinnen nach 1945, vielleicht die innovativste, und eine der kühnsten weiblichen Denkerinnen. In ihren Hoch-Zeiten war sie in Ost- wie Westdeutschland berühmt und begehrt. Nach ihrem Tod wurde ausgerechnet diese Schriftstellerin, die wie keine zweite in ihrem Werk den realen Sozialismus reflektiert und noch zu Lebzeiten der DDR *das* Buch über die Stasi geschrieben hatte (eben die *Amanda*!), erschreckend rasch vergessen. Im Herbst 2003 sind die Bücher von Irmtraud Morgner vergriffen und (noch) nicht wieder aufgelegt. – Den folgenden Text schrieb ich anlässlich des Erscheinens des fragmentarischen dritten Teils ihrer Trilogie 1998, die sie nicht mehr hatte vollenden können.

Das Peinliche an der Emanzipation ist das Kleinliche, ist der Kampf um dreckiges Geschirr und stinkende Windeln. Es gab eine Zeit, und die ist noch gar nicht so lange her, da waren die Frauen so stark, dass sie selbst vor der Benennung des Peinlichsten nicht zurückschreckten – aber gleichzeitig nach den Sternen griffen. Dieser triumphale Aufbruch der Frauen streifte Anfang der 70er Jahre auch Irmtraud Morgner, die Sächsin in Ostberlin. Resultat: 1974 erschien ihr „Roman in dreizehn Büchern und sieben Intermezzos" mit dem viel versprechenden Titel: *Leben und Abenteuer der Trobadora Beatriz de Dia nach Zeugnissen ihrer Spielfrau Laura*. Die provenzalische Liebessängerin aus dem Mittelalter erwacht nach 800-jährigem Schlaf und begegnet Triebwagenfahrerin Laura in Ostberlin. Acht Jahre später folgte *Amanda. Ein Hexenroman.* Diese Hexen sind Ketzer, die „das Mögliche von Übermorgen denken". Mit den beiden Büchern schwingt Morgner sich im geteilten Deutschland im Flug an die Spitze eines neuen Dichtens und Denkens. Sie, die Dichterin aus der DDR, wurde zur Trobadora des Aufbruchs. Einkaufsnetz und Windeln in der einen, griff Morgner mit der anderen Hand nach den Sternen und verkündete stolz: „Mein Antrieb wäre nicht, Kunst zu machen; mein Antrieb wäre, Welt zu machen. Natürlich mit der größtmöglichen Wucht an Worten."

„Welt" machte Morgner in der Tat in den 70er Jahren. In diesen Jahren, in denen die rebellisch werdenden Frauen nach Vorbildern suchten und die herrschenden Männer in Ost wie West unruhig wurden. Doch in den 80ern sank Morgner entmutigt, doppelt entmutigt, zurück. 1990 starb sie im Alter von 56 Jahren an einem zu spät diagnostizierten und in Ostberlin falsch behandelten Darmkrebs einen viel zu frühen, medizinisch vermeidbaren Tod.

„Mein zentrales Thema ist der Eintritt der Frauen in die Historie", hatte Morgner erklärt und tat die ersten Schritte; große Schritte, denn sie kam von sehr weit her. Ihre überraschendsten Waffen waren die erotische Offensive und die ironische Umkehrung. In ihrem „heroischen Testament", das leider keines ist – also nicht am Ende eines erfüllten Lebens steht, sondern einfach liegen geblieben ist in ihrer Schreibwerkstatt –, begegnen wir noch einmal dem Reigen ihrer so phantastischen und so irdischen Gestalten, von der mittelalterlichen Trobadora bis zur Triebwagenfahrerin Laura, vom schönen Liebhaber bis zum Oberteufel Kolbuk.

Ihr kam es darauf an, erläuterte 1975 der Literaturwissenschaftler Gerhard Wolf (und Mann von Christa) in seiner Laudatio anlässlich der Verleihung des Heinrich-Mann-Preises, „die neu erworbene Methode, einander ausschließender

Elemente, Historisches und Aktuelles, Abenteuerliches und Faktisches, für Autor und Leser gleichermaßen wie im Fluge offen zu halten".

Es kam ihr auch darauf an, das Leben der allein erziehenden Mutter (eines Sohnes) mit dem der allein schreibenden Dichterin auf einen Nenner zu bringen. Die 1938 geborene Tochter eines Chemnitzer Lokomotivführers und einer Hausfrau, in deren Elternhaus es kein einziges Buch gab, verdankte den Zugang zu Wissen und Bildung vor allem den in die DDR (zurück)gegangenen Emigranten – und sah ab Ende der 70er Jahre ihren sozialistischen Traum zerbrechen. Die gelernte Journalistin und gewordene Dichterin verdankt den Zugang zu ihren Wurzeln als Frau vor allem den Anfängen der Frauenbewegung – und sah ab Anfang der 80er auch ihren feministischen Traum zerbröckeln.

Sie erlebte, mit wachsendem Grauen, den prompt und schon Mitte der 70er einsetzenden Rückschlag gegen die Emanzipation, bei dem sich von Anfang an Frauen gegen Frauen willig einsetzen ließen, auch im Westen ganz aus der Nähe. Morgners sarkastische Antwort auf Verrat unter Frauen sind die „Dunkelfrauenbriefe", die ein Teil der dritten Folge der Trilogie werden sollten.

In ihrer Geschichte „Die Puppe" – von einer wohlwollenden Rezensentin bezeichnenderweise für Privatsache und zu „autobiografisch" gehalten („Was gehen mich Morgners Eltern an?") – kulminieren beide Aspekte: die Klassenherkunft und die Geschlechterzugehörigkeit. Ihre doppelte Identitätslosigkeit, als Arbeiterkind und als Frau, wird Morgner immer bewusster und legt sich bleischwer auf die Flügel der Dichterin.

Diese Eltern, die nie eine Zeile von dem „Krempel" ihrer Tochter gelesen haben; diese Mutter, die sich dem dumpf autoritären Vater in Selbsthass (und damit auch Tochterhass) unterwirft und auch noch dazu beiträgt, ihre eigenen

Spuren ganz auszulöschen (die Puppe). Gegen Ende ihres Lebens wird Irmtraud Morgner erkennen: „Meine Mutter hat immer meine Werke zerstört. Das höchste meiner Werke ist der Mut trotz alledem."

Irmtraud Morgner ist als Frau zweigeteilt – und als von der Bildungsklasse Ausgestoßene noch einmal. Irmtraud Morgner ist viergeteilt. Ihr Leben lang hat sie gegen diese Teilung angelebt und angeschrieben. Ihre Utopie blieb der ungeteilte Mensch. Doch irgendwann musste Morgner erkennen, dass sie alleine ist: „Je besser ich als Dichterin wurde, desto schlechter ging mir's ... Eine Frau, die dichtet oder dergleichen, muss mit gnadenloser Einsamkeit rechnen."

Es machte ihr Leben eher schwerer als leichter, dass Irmtraud Morgner sich, wie viele Frauen, immer wieder in den Traum von der Liebe flüchtete – und Tendenz hatte, die Männer an ihrer Seite zu idealisieren. Die Desillusionierung ließ nie lange auf sich warten. In einem Fall ging sie so weit, dass ihr Gefährte, der Schriftsteller Paul Wiens, sich als Mitarbeiter der anderen Seite, der gehassten Stasi, entpuppte.

Doch von all dem ahnte die Morgner noch nichts beim Aufbruch der frühen 70er Jahre. Ihr erster großer Wurf, der Roman *Trobadora Beatriz*, ist zwar durchdrungen vom Wissen um die Realitäten, aber getragen von der Hoffnung auf Veränderungen. Er ist mitreißend heiter und übermütig und wird schnell berühmt in Ost wie West. Auch die Genossen können der Morgner die literarische Anerkennung nicht versagen.

Gleichzeitig aber beginnt der politische Kleinkrieg. Der Alltag der Dichterin Morgner ist in den 80er Jahren überschattet von den Tyranneien der Zensur und der Stasi, gegen die sie sich nicht zuletzt auch deshalb nur schwer wehren kann, weil sie Repressalien für ihr Kind befürchtet. Die Erblindung ihrer Romanfigur Laura im dritten Teil ist keine Fiktion, auch Irmtraud Morgner selbst erblindet phasenweise. Sie kann und will einfach nicht mehr sehen.

Das Erscheinen von *Amanda. Ein Hexenroman* wird lange behindert, und der dann veröffentlichte Text „stinkt nach innerer Zensur" (Morgner). Auch hier ist ihre Heroin zweigeteilt: in die in Ostberlin malochende Laura und die auf dem Brocken hexende Amanda – die sich allerdings selbst als Hexe beim Oberteufel Kolbuk prostituieren muss, sonst ist kein Durchkommen für eine Frau.

Trotz innerer Zensur steht in *Amanda* immer „noch zu viel drin. Fürn Teufel zu viel, fürn Menschen zu wenig" (Morgner). *Amanda* ist dennoch *der* Roman über die Stasi – und hätte eigentlich spätestens Anfang der 90er endlich offen als solcher wahrgenommen werden können.

„Mein Antrieb wäre nicht, Kunst zu machen . . ." Irmtraud Morgners Platz in der Welt war vergänglich – ihr Platz in der Kunst ist unvergänglich.

Erstveröffentlichung in EMMA 6/1998

Prinzessin Diana (1961-1997), Kindergärtnerin

In diesem Text geht es nicht um den Menschen Diana, dem ich nie begegnet bin, sondern um die Legende Diana. Auf wie dünnem Eis sie stand, zeigt, dass die zu ihrer Zeit „meist-fotografierte Frau der Welt" nur sechs Jahre später schon fast vergessen scheint.

Die Aufnahmen, die noch mehr Aufmerksamkeit erregten als die ganze Bilderflut der letzten 16 Jahre, zeigten nur noch einen seelenlosen Blechhaufen. Der gepanzerte Mercedes hatte mit 196 (!) Stundenkilometern durch den Seinetunnel von Paris jagen müssen, um so zu zerschellen. Im Auto saß Diana mit drei Männern, hinter ihr hetzten weitere sieben Männer. Das heißt, eigentlich hetzten sie sie alle. Die Paparazzi draußen wie der Playboy drinnen. Und sie? Sie kannte keine andere Rolle. Sie ließ sich hetzen – und wurde so in der Nacht vom 31. August 1997 das Opfer eines enthemmten Wettrennens, in dem es um vieles ging, nur nicht um sie.

16 Jahre zuvor war die, wie es heißt, „meistfotografierte Frau der Welt" erstmals Topmeldung der Nachrichten gewesen. Zunächst wohl noch zu ihrer eigenen Verwunderung. Doch sollte sie sich rasch an diese geliebt-gehasste Dosis der Blitzlichtgewitter gewöhnen, die an diesem 29. Juli 1981 zum ersten Mal über ihr niedergingen.

Schon damals befand sie sich in einem Prestigegefährt, in einer vergoldeten Karosse, die allerdings im Schnitt wohl kaum über zehn Stundenkilometer gefahren sein dürfte. Neben ihr saß nicht der Sohn eines Milliardärs und (Waffen-) Händlers, sondern der einer Milliardärin und Königin. Dessen Wahl – genauer gesagt: die für ihn arrangierte Ehe – machte die 20-jährige Kindergärtnerin aus gutem Hause über Nacht weltweit zur Traumfrau.

Nur zu gut erinnere auch ich mich an die Live-Übertragung der Hochzeitszeremonie in Westminster Abbey. Ich saß an der Schreibmaschine, weil wieder einmal ein dringender Text fertig werden musste. Die Tür zum Vorzimmer stand halb offen, denn da hockten sie vorm Fernseher und seufzten. Alle. Und bei dem Aufschrei: „Schnell, schnell, Alice! Sie steigt aus der Kutsche . . .", da sprang auch ich auf und setzte mich dazu. Die *EMMA*-Redaktion verfolgte mit runden Augen die Traumhochzeit.

Doch in dem Stoff, aus dem die Frauenträume sind, steckte auch in diesem Fall ein Leben, aus dem die Frauenalpträume sind. Es folgten 15 Ehejahre, in denen Diana wenig erspart blieb. Sie zierte die Cover der Glamourpresse – aber der eigene Mann begehrte sie nicht. Sie wurde von der weiten Welt bewundert – aber ihre engere Umgebung verachtete sie. Sie strahlte draußen – aber drinnen verfiel sie in Schwermut.

Dieses Los teilte Diana mit so manchen Objekten und „meistfotografierten Frauen der Welt". Doch im Unterschied zu einer Marilyn Monroe oder Brigitte Bardot hatte sie sich die Aufmerksamkeit der Weltöffentlichkeit noch nicht einmal selbst erarbeitet, sondern nur erheiratet. Selbst da, wo es Parallelen gibt, wie im Fall Kennedy, hätte sie nicht in ihren Beruf zurückkehren können, wie die Verlagslektorin es tat. Sicher, auch Jackie war, ganz wie Lady Di, eine betrogene Frau. Auch sie wurde nach dem Fall vom Thron zunächst die Trophäe eines Dollarkings. Doch als Onassis begann, sie öffentlich zu degradieren, gab es für sie immerhin die Möglichkeit des Retours in ihre eigene Welt.

Diese eigene Welt hatte Diana nicht. Ihre Existenz war immer nur relativ. Selbst mit der 70-Millionen-Abfindung nach der Scheidung 1996 hatte sie sich nicht etwa auf die eigenen Füße gestellt, sondern sich schnurstracks in eine vermutlich noch viel fatalere Abhängigkeit begeben. Denn ihr letzter Lover, Dodi Al-Fayed, dieser „schwache Sohn eines übermächtigen Vaters", investierte nicht zufällig einen Bruchteil der Zinsen von Daddys Kriegskasse in seine Sexscharmützel, deren Clou die Eroberung der Prinzessin war.

Vater Mohammed Al-Fayed, der als einer der reichsten Männer der Welt gilt, erregte in England durch die Bestechung von Politikern und den Kauf des Traditionskaufhauses Harrods Aufsehen (in dem er Dianas Stiefmutter Raine als Managerin angestellt hat). Dodi war übrigens der Sohn von Mohammed Al-Fayed und dessen erster Frau, einer Schwester des Waffenhändlers Kashoggi. Und es galt als offenes Geheimnis, dass der ägyptische Dad sich via Sohn Dodi nicht nur die feine englische Gesellschaft und Staatsbürgerschaft erkaufen, sondern so auch seinen politischen und wirtschaftlichen Einfluss in Europa verstärken wollte.

Die Frau, die sich so tränenreich über ihre Instrumentalisierung durch die Firma Windsor beschwerte und gerade geschieden worden war, war also im Begriff, sich erneut fesseln zu lassen – und das nicht etwa nur von der Liebe. Dianas Funktionalisierung durch den potenten Romeo und seinen Clan war vorprogrammiert.

Diana selbst scheint verführbar und ihrer eigenen Kitschstory verfallen gewesen zu sein. Ein bisschen Königliche Hoheit, ein bisschen Mutter Teresa, ein bisschen Pinup – und dazu eine Prise Emanzipation. So wie in ihrem so präzise getimten TV-Interview im November 1995, während des Ehekriegs mit Charles und beim Buhlen um die Volksgunst. Da warf Diana wie in der von ihr munitionierten Diana-Biografie nun nach dem Traum ihren Alptraum der Öffentlichkeit zum Fraß vor: ihre Fresssucht, die Selbstverstümmelungen und Selbstmordversuche, ihre Flucht in Verhältnisse. Verhältnisse mit Männern, die ihre Intimitäten mit der Royal Highness nur allzu bereitwillig an die Medien verscherbeln.

So wurde die Würde, um die Prinzessin Diana so verzweifelt zu ringen schien, unter der anfeuernden Teilnahme enthemmter Medien auch von ihr selbst verspielt.

Dianas Dilemma war, dass sie sich nicht entscheiden konnte. War sie die Frau von gestern oder die von heute? Sie wollte Objekt und Subjekt zugleich sein und manövrierte sich mit dieser schizoiden Strategie in die Sackgasse. Doch genau diese Zerrissenheit beschäftigte wohl die Phantasien und machte Diana zur Projektionsfläche und zum Identifikationsmodell.

Diana hatte die Kraft, die Spielregeln zu verletzen – und war damit ein Produkt der frauenbewegten 90er Jahre. Diana hatte nicht die Kraft, ihren eigenen Weg zu gehen – und war damit ein Produkt des 19. Jahrhunderts. Und Diana hatte nicht die Stärke, den Verlockungen der Eitelkeit zu widerstehen – und wurde so zum doppelten Opfer: eines Frauenbildes, nach dem selbst in einer Überflussgesellschaft Frauen (ver-)hungern müssen; und einer Medienmeute, die keine Hemmungen mehr kennt, deren Jagdtrieb im Gegenteil von der Selbstentblößung dieser Frau noch angestachelt wurde.

So wie sie einst ihren Aufstieg vermarktet hatten, so taten sie es jetzt mit ihrem Abstieg, unerbittlich bis in den Tod. Die Fotografen, die hinter dem Auto herjagten, sollen Erste Hilfe und Polizei behindert haben. Fotos von den Schwerverletzten und Toten wurden noch in derselben Nacht für eine Million angeboten. Dabei sind die plötzlich so viel geschmähten Paparazzi selbst nur Handlanger. Die wirklich Verantwortlichen sitzen in den Chefredaktionen und Verlagsspitzen.

Doch warum eigentlich raste der Fahrer des Ritz-Firmen-
wagens in dieser Nacht mit 196 Sachen durch den Tunnel?
Dodi und Diana hatten schließlich längst nichts mehr zu verbergen. Sie waren seit Wochen ein öffentliches Liebespaar,
sie reisten zusammen, wohnten zusammen und küssten sich
offen auf Al-Fayeds Yacht, die mit Vorliebe in der nicht
gerade stillen Bucht von Saint Tropez kreuzte. Ein Foto der
beiden im selben Auto hätte der Weltöffentlichkeit nichts
Neues erzählt. Und zur Befriedigung des an Schauplätzen
wie dem Pariser Ritz voraussehbaren Voyeurismus wäre es
ein Leichtes für das Paar gewesen, zum Beispiel beim Verlassen des Ritz (ebenfalls im Besitz von Daddy Al-Fayed)
knapp, aber bestimmt für die Pressemeute zu posieren – und
sich sodann ins Private zurückzuziehen.

Doch es lief anders, ganz anders. Waren diese erregenden
Fluchten Diana zur zweiten Natur geworden – und ihrem
zweifelhaften „Beschützer" zur willkommenen Attitüde?
Denn schließlich gab es in dieser Nacht kein Motiv für das
lebensbedrohende Tempo, es sei denn, die 1,7 Promille im
Blut des Fahrers – und ein Kräftemessen der Machos. Der
stellvertretende Sicherheitschef des Ritz, der volltrunken das
Auto fuhr, soll in der Tat beim Verlassen des Hotels der lauern-
den Pressemeute zugerufen haben: „Versucht doch, mich zu
kriegen! Ihr kriegt mich nicht!" So billig war die Farce.

Diana Spencer war von Anbeginn an ein Spielball in den
Händen anderer. Hatte sie überhaupt je eine Chance? Als
19-Jährige war sie aus dem Dämmerlicht der Mädchen-aus-
gutem-Hause-Verdummung in das Scheinwerferlicht der
Massenmedien gestoßen worden, und zwar von der König-
lichen Familie. Die allerdings ahnte nicht, dass sie den Geist,
den sie gerufen hatte, nicht mehr loswerden würde.

Doch in einer vom Aufbruch der Frauen geprägten Epo-
che sehnen sich selbst die Prinzessinnen nach einem sinn-
vollen, selbstbestimmten Leben. Diana, die Medienprinzes-

sin, wollte sich nicht nur benutzen lassen. Sie wollte selber jemand sein. So begann sie, sich auch jenseits des Protokolls mitzuteilen. Gleichzeitig verfiel sie dem Glamour der öffentlichen Existenz und des großen Stils: Privatflugzeuge, Privatyachten, Paläste und Protzautos. Das Karussell drehte sich schnell und schneller. Und die sensationsgierigen Medien drehten mit.

Wird es bei den für die Tragödie mitverantwortlichen Medien nun wenigstens ein Erschrecken geben? Die Chancen sind gering, aber müssen dennoch genutzt werden. Die Würde des Menschen und der Schutz der Privatsphäre müssen wieder Kriterium werden. Die Frage, worauf die Öffentlichkeit ein Recht hat und was dem Menschen – auch dem prominenten Menschen – zumutbar ist, muss wieder gestellt werden.

Schrittmacher bei dieser Entwicklung ist nicht nur die Sensationspresse. Auch die sich als „alternativ" verstehenden Medien spielen eine fragwürdige Rolle. Diese fortschrittlichen New Boys, die zwar die Spielregeln der Old Boys zum Alteisen warfen, aber selber keine neuen Regeln aufstellen. Im Gegenteil: Im Umgang mit Menschen ist auch für sie alles erlaubt, diesmal im Namen der „gerechten Sache". Bestenfalls ergehen sie sich in via Abstraktion ausweichenden Diskursen und Allgemeinplätzen wie im Fall der *taz* vom 2.9.97, die apropos des Todes von Diana allen Ernstes auf Seite 1 räsonnierte: „Der Umgang mit Schuld ist eine komplexe Kulturtechnik." Aber vielleicht wird dieser Tod eines Menschen ja doch Anlass zur Selbstbesinnung. Wobei wir nicht blauäugig sein sollten. Zwar hat die Sensationspresse in der Tat „mit der Presse so viel zu tun wie der internationale Rauschgifthandel mit Brot für die Welt" (so IG-Medien-Chef Detlef Hensche) – aber die Grenzen sind fließend. Das Problem ist leider eben nicht nur die Sensationspresse, sondern das allgemein sinkende Verantwortungsbewusstsein aller Medien. Eine Ethik-Debatte für die Medien tut darum bitter Not: in der Ausbildung, in den Redaktionen wie in den Chefetagen. Und für die Sensationspresse müssten Verleger und Chefredakteure Regeln aufstellen.

Denn die heute alles durchdringende Vermarktung und Sexualisierung scheint keine Grenzen mehr zu kennen. Und das besonders Bedrückende dabei ist, dass nicht selten die Opfer, wie im Falle Diana, selber dazu beitragen. Ob Prinzessin oder Lieschen Müller, ob Kanzlerkandidat oder Otto Normalverbraucher, sie alle scheinen so süchtig nach medialer Spiegelung, dass sie nur allzu bereit sind zum körperlichen wie seelischen Striptease. Bis hin zur Selbstentblößung.

Der Fall Diana zeigt, wie hoch der Preis sein kann. Es kann das Leben kosten. Wobei es, bei aller Tragik, nicht ohne Ironie des Schicksals ist, dass der als „Ladykiller" berüchtigte Dodi Al-Fayed sich und seine Beute ausgerechnet bei einer Wetthatz mit den Medienhäschern zu Tode gebracht hat. Dieser frühe Tod von Diana wird die Legendenbildung nicht hindern, sondern nur fördern. Statt, wie zu befürchten, eine tragische Figur, wird Prinzessin Diana nun zum Mythos werden. Und da sie selber sich so danach sehnte, ein sinnvolles Leben zu führen, wäre es wohl auch in ihrem Sinne, wenn nicht nur der vernebelnde Kitsch fortgeschrieben würde, sondern auch die erhellende Wahrheit.

Erstveröffentlichung in „Die Zeit", 5.9.1997

Brigitte Bardot, Schauspielerin

Brigitte Bardot bin ich nie begegnet. Nur einmal ging sie, zum Greifen nahe, an mir vorbei. In Saint Tropez, ausgerechnet. Aber sie hat natürlich eine Rolle in meinem Leben gespielt. Eine unausweichliche. Wie für meine ganze Generation.

Sie waren quälend, ihre Plagiate. Diese Mädchen mit Schmollmund, Sechsern und Petticoat. Diese ausgekochten Geschöpfe, nach denen die Jungs in der Milchbar ihre Köpfe verdrehten. Während wir, die Lässigen in schwarzen Hosen und Rollkragenpulli, spöttisch die Mundwinkel verzogen und „cool" waren, ganz Existenzialismus und Rock 'n' Roll, war sie heiß.

B.B. war das erste Girlie: diese so eingängige Mischung aus naiver Ungebändigtheit und berechnender Gefälligkeit.

Ich habe es ihr nie übel genommen, aber sie hat mich auch nie wirklich interessiert. Denn ihr Image überschattete ihre Person (im Gegensatz zu Marilyn Monroe). Dennoch schimmerte durch den sich in den 50ern und 60ern bis zur Hysterie steigernden B.B.-Rummel immer auch etwas Anrührendes hindurch: Die junge Frau, die, jenseits vom Starrummel und Spindobjekt, auf der Suche war – nach sich selbst und nach Menschen, die sie ernst nehmen.

Sie hat ihre Männer immer ernst genommen, auch wenn sie sich als eine der Ersten in dieser prüden Zeit die Freiheit öffentlich wechselnder Liebhaber nahm, die bald jünger waren als sie. Nur einer brach aus dieser Reihe der charmanten Garçons heraus: der deutsche Mann und Ex-Playboy Gunter Sachs. Er soll eine Wette darüber abgeschlossen haben, dass er es schaffen würde, das französische Sexsymbol zu ehelichen. Er schaffte es – aber er ist auch der Mann, der in Bardots Rückblick am kläglichsten abschneidet.

Der Mythos B.B. legt nun seine Memoiren vor: 830 leider schludrig übersetzte Seiten Brigitte Bardot, gewissenhaft notiert von ihrer Geburt am 28. September 1934 bis heute. Wobei sie ihre ersten 40 Lebensjahre brav quasi von Tag zu Tag schildert (sie scheint Tagebuch zu führen), die letzten 20 Jahre jedoch mit Siebenmeilenstiefeln durcheilt. Sie weiß eben, dass die Welt sich auch heute nicht für Brigitte Bardot, sondern nur für B.B. interessiert. Doch sie nutzt die Gelegenheit, endlich auch ihre Wahrheit mitzuteilen. Die Wahrheit über die Kluft zwischen äußerlicher Umschwärmtheit und innerer Einsamkeit.

Diese Wahrheit beginnt bitter. „Ich danke all denen, die mich wirklich von Herzen geliebt haben. Da sie nicht zahlreich sind, werden sie sich wiedererkennen", schreibt die Bardot in ihrem Avantpropos. „Ich danke all denen, die mich gelehrt haben, mit Tritten in den Hintern zu leben; die mich verraten und meine Naivität ausgenutzt haben und mich damit in eine tiefe Verzweiflung stürzten, aus der ich mich wie durch ein Wunder befreien konnte. Erfolg baut man auf Prüfungen auf – sofern man an denen nicht zugrunde geht."

Diese Prüfungen beginnen nicht erst mit ihrem Leben als Star. Brigitte ist die Tochter von Anne-Marie und Louis Bardot, großbürgerlichen Industriellen aus Lothringen, deren Leben in Paris bald von der deutschen Besatzung überschattet wird. Schon wieder die Deutschen. Die Bardots sind nationalbewusste Franzosen, die zwar deutsch sprechen, aber „die Deutschen hassen". Und sie sind typische Vertreter ihrer Klasse: standesbewusst, engherzig, formell. Das Ehepaar Bardot siezt sich.

Die kleine Brigitte scheint zunächst eine idyllische Kindheit zu haben, was auch die Tatsache, dass sie eigentlich ein „Charles" werden sollte, nicht trüben kann. „Von dieser Enttäuschung ist mir ein starker Charakter geblieben und die Unsicherheit eines Menschen, der auf einer Abendgesellschaft erscheint, zu der er nicht geladen wurde".

Das Mädchen hat mehr mit dem geliebten Kindermädchen Dada zu tun und den gelassenen Großeltern, als mit der angespannten Mutter. Es ist jedoch deren Tyrannei ausgeliefert und bewundert „die schöne Mama". Da es sich nicht gehört, mit der „Tochter der Concierge zu spielen", bleibt nur die jüngere Schwester Mijanou, die in der Familie als „die Hübsche" gilt, während Brigitte die Rolle der „Garstigen und Hässlichen" zugewiesen wird. Und so scheint es für sie lebenslang geblieben zu sein.

Die Eltern sind nach außen „ein perfektes Paar", Streitigkeiten und Szenen jedoch an der Tagesordnung. Einmal geht es so weit, dass der Vater sich vom Balkon im 5. Stock stürzen will. Das Kind weiß nicht warum und leidet. Die vorwurfsvolle Mutter – gekränkt vom Ehemann? frustriert vom Frauenleben? früh gebrochen? – scheint zerfressen von Zwängen und Ängsten. Sie ist missgünstig und hartherzig mit ihren Töchtern. Das geht so weit, dass sie der siebenjährigen Brigitte und deren vierjährigen Schwester eines Tages befiehlt, sie und den Vater ab sofort zu siezen – zur Strafe dafür, dass die spielenden Kinder eine Schale, die der Mutter teuer war, auf den Boden geworfen hatten. Brigitte fühlt sich so fremd in der eigenen Familie, dass sie sich fragt, ob sie ein adoptiertes Kind ist.

Diese Verlorenheit ihrer ersten Jahre und die Sehnsucht nach Akzeptanz und Geborgenheit wird Bardot nie verlassen – sie widmet ihre Erinnerungen dennoch oder gerade den Eltern. Die streng behütete Tochter mit den „Hasenzähnen" (vom Daumenlutschen) kommt auf ein Tanzkonservatorium, wo sie rasch zu den Ersten zählt. Nur zufällig posiert die 15-Jährige, begleitet von Mama, für ein Titelblatt der Frauenzeitschrift *Elle* – von da bis zur Entdeckung durch Regisseur Marc Allégret ist es nicht mehr weit. Die Bardots sind schockiert: „Keine Schauspielerin in der Familie!" Nur Großvaters Fürsprache ist es zu verdanken, dass Brigitte vorsprechen darf.

Allégrets Assistent ist ein gewisser Vadim, bohemisierender Sohn des russischen Botschafters in Paris und zu der Zeit ein Niemand. „Vadim im Rollkragenpulli und mit langen Haaren. Er sah aus wie ein Zigeuner – und ich war verrückt nach ihm." Die ersten Rendezvous finden im Salon der Bardots statt – unter den Augen der Mutter. Mit 16 hat er sie so weit. Irgendwann kommt das Verhältnis raus. Die Eltern sind außer sich und wollen ihre Tochter nach London schaffen.

Brigitte macht ihren ersten Selbstmordversuch: Kopf im Gasbackofen. Es folgt, mit 18, die erste Abtreibung in der Schweiz, an der sie aufgrund „unzureichender Behandlung" fast stirbt. Auch bei der zweiten – damals noch illegalen – Abtreibung ein Jahr später verblutet sie beinahe, wird aber im letzten Augenblick ins Krankenhaus geschafft und hat dort einen Herzstillstand.

Mit 18 trotzt Brigitte ihren Eltern die Eheschließung mit Vadim ab und gewinnt so zwar einen Ehemann, aber verliert den Liebhaber. Ihre Nächte als Ehefrau sind einsam.

1956 dreht die 22-jährige Bardot mit Vadim ihren elften und seinen ersten Film. Sie hat bereits ihren Part der wissend-unwissenden Kindfrau, doch erst das Gespann Bardot/Vadim schafft mit *Et dieu créa la femme* die „B.B.". Ein Star ist geboren.

Zum Triumph wird der Film via Amerika. Doch Bardot weigert sich standhaft, nach Übersee zu touren. Grund: das in der Hexenjagd der antikommunistischen Mc-Carthy-Ära wegen „Vaterlandsverrats" unschuldig zum Tod auf dem elektrischen Stuhl verurteilte Ehepaar Rosenberg, zu dessen Rettung die Französin sogar Flugblätter auf der Straße verteilt hatte. Was sie nicht hindert, gleichzeitig in Kontakt mit dem rechten Parteiführer Le Pen zu bleiben, den sie 1958 als Algerienkämpfer bei einem der damals üblichen Starbesuche im Militärkrankenhaus kennen gelernt hatte. Selbst als Le Pens Folterungen im Algerienkrieg bekannt werden, geht sie nicht auf Abstand.

1990 heiratet Bardot sogar einen politischen Weggefährten Le Pens, Bernard D'Ormale. Fürs Leben, wie immer. Doch der entpuppt sich rasch als Schläger. 1992 macht sie ihren vorläufig letzten Selbstmordversuch: eine Überdosis Schlaftabletten. Brigitte Bardot überlebt (im Gegensatz zu Marilyn Monroe).

Die Politik lässt Bardot nie kalt. Der Einmarsch der Russen 1956 in Ungarn bedrückt sie, den „Résistance-Kämpfer" de Gaulle verehrt sie. Entsprechend kritisch ist ihr Verhältnis zu den „tragischen Ereignissen" im Mai 68, die in ihren Augen „für immer ein gewisses Bild von Frankreich zerstörten".

Und es ist komisch und klarsichtig zugleich, dass ausgerechnet das Sexsymbol der Nation die mit der 68er Revolte aufkommende „sexuelle Hemmungslosigkeit, den Exhibitionismus, die moralischen und körperlichen Entgleisungen, den Verlust jeder Würde, jeder Moral und jeden Anstands" beklagt. Die Katholikin Bardot kommentiert mit alttestamentarischer Wucht: „Wir waren in die Ära des Geldes, des Sex, der Drogen und der Dekadenz eingetreten, alles Vorzeichen des Sozialismus, der diese Zerstörung vollenden sollte." Übrigens: Die Frauenbewegung, die im Frankreich der 70er Jahre viele Schlagzeilen gemacht hat, wird von Bardot mit keinem Wort erwähnt.

Obwohl sie ein Leben lang stolz und trotz alledem auch stark war und – für sie ganz wichtig – „immer finanziell unabhängig", ist gerade dem „ewigen Weib" Bardot wenig erspart geblieben. Auf dem Höhepunkt ihres Ruhms und schwanger heiratet sie 1959 den unbekannten jungen Schauspieler Jacques Charriere. Der fängt prompt an, sich als der Besitzer des Traums aller Männer aufzuspielen, und will ihr verbieten, weiter zu filmen: „Ich bin der Mann. Ich bin es, der ab jetzt entscheidet!" Es eskaliert bis zur Gewalt. Sie geht – und kehrt zurück. Folgt ein Selbstmordversuch und eine Niederkunft.

Gehetzt von hunderten von Reportern bringt Brigitte Bardot am 11. Januar 1960 ihr erstes und letztes Kind zur Welt, einen Sohn. Der wächst, nach ersten Monaten bei ihr und dem Kindermädchen, letztendlich bei den väterlichen Großeltern auf und lebt heute weitab in Norwegen.

Über ihre verzweifelte Geburt und Mutterschaft hat Brigitte Bardot das mit Ehrlichste geschrieben, was je von Frauen darüber gesagt wurde. Als ihr nach stundenlangen Schmerzen und Schreien der ungewollte Sohn präsentiert wird, reagiert sie heftig: „Es ist mir scheißegal, ich will ihn nicht sehen!" Und im Rückblick schreibt sie: „Es war wie ein Tumor, der sich in mir von meinem geschwollenen Fleisch genährt hatte; während ich nur auf den segensreichen Augenblick gewartet hatte, in dem man mich endlich davon befreien würde. Nun, da der Alptraum seinen Höhepunkt erreicht hatte, sollte ich für die Ursache meines Unglücks auch noch lebenslänglich Verantwortung übernehmen. Unmöglich, lieber wolle ich sterben! Grauenhafte Angstzustände raubten mir nachts den Schlaf. Ein Kind in meinem Leben ging über meine Vorstellungskraft, und doch war es da (...) Ich muss ein Scheusal gewesen sein!"

Bardot wird sich vom Vater ihres Kindes trennen, wie von anderen Männern danach. Sie versucht weiter gegenzuhalten. Doch gegen Ende der 60er Jahre, eigentlich ab der Operettenehe mit Gunter Sachs, entgleiten ihr die Zügel. Es war wohl richtig für sie, dass sie 1972, mit 37 Jahren, aufhörte und ihrem Leben einen neuen Sinn gab.

Seither widmet die Bardot sich ihrer großen Passion: den Tieren. Schon als Kind fühlte Brigitte mit jedem gequälten und getöteten Tier. Ihre Identifikation ist eindeutig: „Jedesmal, wenn ich mich auf ein menschliches Wesen verlassen habe, bin ich verraten worden", klagte sie. „Das habe ich mit den Tieren gemeinsam." Und weil „man nicht die ganze Zeit nur über sich nachdenken kann", verschrieb sich der Ex-Star seither mit Leidenschaft dem Kampf für die Allerschwächsten.

Für sich selbst scheint das Sexsymbol die Hoffnung aufgegeben zu haben: „Bei meinen Geliebten habe ich immer nur Zuneigung und Zärtlichkeit gesucht", schreibt sie und gesteht: „Die körperliche Liebe rangierte, so intensiv sie auch gewesen sein mag, immer nur an zweiter Stelle."

Erstveröffentlichung in „Die Zeit", 4.10.1996

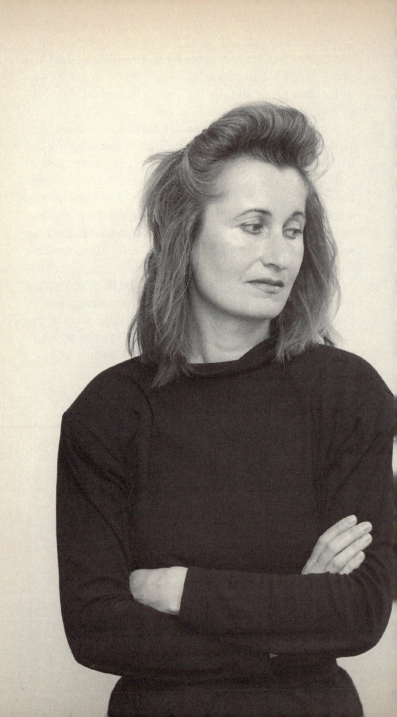

Elfriede Jelinek, Schriftstellerin

Das nachfolgende Gespräch führte ich mit ihr 1987 in der Münchner Wohnung ihres Ehemannes; nach der Veröffentlichung ihres Romans *Lust*, bei dem einem dieselbe wirklich vergehen konnte (und sollte). Erst einige Jahre später thematisierte sie in *Die Kinder der Toten* das – neben dem Sexismus, dem Machtverhältnis der Geschlechter – zweite große Thema ihres Lebens: den Antisemitismus, ihren jüdischen Vater und die Ermordung eines großen Teils ihrer Familie in den Konzentrationslagern. Exakt zehn Jahre nach diesem Gespräch führte ich ein Dreiergespräch: mit ihr und Marlene Streeruwitz. Zu der Zeit hatten sich Jelineks geschlechterpolitische Positionen fast bis zur Resignation verstärkt. Sie sagte: „Man gesteht einer Frau nicht zu, Ich zu sagen. Eine Frau steht für alle Frauen."

Alice Schwarzer Du bist bekannt für extravagante Inszenierungen deiner eigenen Person. Du kleidest und schminkst dich auffällig und hast einiges darüber gesagt, was Mode und Make-up für dich bedeuten. Versuchst du, deine Intelligenz und deine kreative Potenz – das, was „männlich" ist an dir – hinter diesem ultraweiblichen Auftritt zu verstecken?

Elfriede Jelinek Es ist wirklich so. Ich habe bei vielen Dingen das Gefühl, dass ich um Vergebung bitten muss. Ich bitte um Gnade.

Schwarzer Offene weibliche Intelligenz hat ja gemeinhin

zur Folge, dass Männer die Frauen nicht mehr begehrenswert finden.

Jelinek Das weiß jede Heterofrau, dass sie sich klein machen muss. Da müssen die Frauen die Liebesarbeit machen, während die Männer die Liebesgedichte schreiben. Schon bei der Irmgard Keun geht ihr ganzes Leben über das Sich-Kleinmachen als Frau. Bei meinem Mich-zum-Objekt-Machen Männern gegenüber ist es halt die Schminke, die ich mir ins Gesicht schmiere, und die Kleider, die ich mir kaufe. Ich bin, glaube ich, sehr narzisstisch.

Schwarzer Auch in den Medien inszenierst du dich heute weiblicher denn je zuvor. Selbst die Haare sind jetzt länger.

Jelinek Stimmt, das ist ja eine Unterwerfungsgeste!

Schwarzer Hast du dein Buch hingelegt und gleichzeitig dich dazu?

Jelinek Es wäre sicher besser gewesen, ich hätte mich überhaupt nicht dazu geäußert. Denn das weiß man ja, dass Autoren nicht unbedingt diejenigen sind, die dazu berufen sind, ihre Sachen zu erklären. Ich bin eigentlich auch gar nicht so sonderlich intelligent. Ich kenne sehr viel intelligentere Frauen. Ich habe nur eine gewisse Begabung, Dinge zu durchschauen. Das sage ich jetzt nicht aus Koketterie.

Schwarzer Wie definierst du denn Intelligenz?

Jelinek Ich kann keinen klaren Gedanken fassen. Also, ich kann nicht anschließen an die Dinge, ich kann nicht *über* etwas reflektieren. Ich kann zum Beispiel keine Aufsätze über etwas schreiben, das ist mir unmöglich. Ich habe nur diesen einen polemischen Zugriff auf die Wirklichkeit, die ich aber mit dieser Sinnlichkeit der Sprache aufarbeiten muss.

Schwarzer In dem Moment, wo die Literatur, Philosophie oder Kunst sich nicht mit dem Leben auseinander setzt, sondern Selbstzweck ist, ist sie ja eh irrelevant. Manche Frauen versuchen sich neuerdings auch in dem Genre. In

Frankreich gibt es da ja eine ganze, hierzulande viel bewunderte Strömung: des mots, des mots, des mots. Nichts als Worte.

Jelinek Findest du …? Was ich meine, das ist sozusagen der Glaspalast des männlichen Denkens. Das abstrakte Denken. Die Philosophie. Die Musik. Dort sind die Frauen wirklich ausgeschlossen.

Schwarzer Aber sollten wir das so unhinterfragt als die höchste Stufe der Intelligenz anerkennen? In dem Moment, wo sich das Denken und Schöpfen nicht dem Leben stellt, ist es doch sinnentleert, l'art pour l'art.

Jelinek Ja, aber eine bewundernswerte l'art pour l'art. Eine, die einen schon begeistern kann. Das ist die äußerste Anmaßung, der Geist. So wie ihn die Männer sich sozusagen untereinander zuspielen und unter sich verteilt haben.

Schwarzer Mir scheint, dass du eine gewisse Mystifizierung des „Männlichen", also der Eigenschaften und Qualitäten, die Männer sich heute vorbehalten haben, und eine Kultivierung des „Weiblichen", deiner Schwächen, die sicherlich auch da sind – wie Verletzlichkeit, Empfindsamkeit und Ambivalenz –, betreibst.

Jelinek Ja, aber Alice, ich *bin* sehr weiblich. Leider. Wenn ich eine Domina wäre, da könnte ich noch abräumen, dann hätte ich ja mit Männern überhaupt keine Schwierigkeiten. Aber dann hätte ich auch nicht schreiben müssen. Ich bin nicht männlich, ich bin ein Trampel. Ich bin unfähig.

Schwarzer Wir haben aber nicht so viele Schubladen in dieser Gesellschaft. Alles, was nicht in die Schublade „weiblich" fällt, fällt in die Schublade „männlich".

Jelinek Ja, gut. So gesehen bin ich männlich – ohne es aber wirklich leben zu können.

Schwarzer Ohne es zu genießen?

Jelinek Das ist es! Das ist meine Brechung. Mein Problem ist, dass ich halt sehr verletzlich und in meiner Persönlichkeitsstruktur leider entsetzlich weiblich bin. Ich bin eine Frau mit einer männlichen Anmaßung.

Schwarzer Mir scheint, du näherst dich beim Schreiben der Erotik mit einer weiblichen Empfindsamkeit und Verletztheit, aber einem männlichen Wissen. Das ist, glaube ich, der Grund der Irritation, die *Lust* bei Frauen wie Männern auslöst.

Jelinek Das ist ja die Perfidie oder die Gespaltenheit und Zerrissenheit: dass man den männlichen Blick hat und es als Mann schreibt, weil man es als Frau nicht schreiben kann – ohne aber ein Mann zu sein. Man kann es also nicht genießen. Mir ist – schon vor diesem Buch, das mich jetzt offenbar endgültig dämonisiert – aufgefallen, dass ich nicht die Früchte eines Ernstgenommenwerdens ernten kann, sondern nur Aggression, gemischt mit Verachtung. Das ist das Entscheidende: die Verachtung, die dem weiblichen Werk entgegenschlägt. Daher kommt sicher meine Aggressivität, aber auch dieser genaue und scharfe Blick für Demütigung in jeder Form. Demütigung ist das, was jede Frau am besten kennt.

Schwarzer Bist du mit *Lust* zu weit gegangen?

Jelinek *Lust* ist das, was ich ästhetisch immer erreichen wollte beim Schreiben. Diese Art von Komprimiertheit und Ineinanderfallen von Sprache und Inhalt habe ich eigentlich immer angestrebt. Ich wüsste nicht, wie ich *Lust* jetzt übertreffen oder weiterführen sollte. Es ist schon ein Endpunkt in meinem Schaffen.

Schwarzer Fällt man nicht nach jeder großen Arbeit in ein Loch und denkt, jetzt kommt nichts mehr?

Jelinek Stimmt. Ich habe jedesmal geglaubt, jetzt kann ich nichts mehr schreiben. Schon nach der *Klavierspielerin* habe ich gedacht, da kommt jetzt nichts mehr.

Schwarzer Du hast vor zwei Jahren, zu Beginn deiner Arbeit an *Lust*, gesagt, du möchtest die „Exklusivität des

152

männlichen Blicks auf den weiblichen Körper" in Frage stellen, willst einen „weiblichen Porno" schreiben. Dann ist dir *Lust* aber nicht zu einem Buch über Erotik geraten, sondern zu einem über Gewalt.

Jelinek Ja, weil – Sexualität *ist* Gewalt. Aber das wissen nur die Frauen. Das wissen die Männer nicht. Heterosexualität ist heute eben auf den öden Gebrauch reduziert, den ein Mann von einer Frau macht. Und deswegen sind die überspitzten Formulierungen von Pornografie – wie es die Dworkin macht – auch so wahr. Pornografie ist Ausübung von Gewalt gegen die Frau und die Demütigung und Herabwürdigung der Frau. Es ist eben so, dass, wenn ein Mann gepeitscht wird in einem Hardcore oder in einem Film, ist der Mann als Individuum einer, der sich erniedrigt. Doch wenn die Frau erniedrigt wird, dann wird nicht eine einzelne Frau, sondern dann werden alle Frauen unterdrückt. Ein Mitglied einer unterdrückten Kaste steht sozusagen nicht für sich, sondern steht gleichzeitig für alle. Das ist das Entscheidende.

Schwarzer Du bezeichnest dein Buch heute als Anti-Pornografie. Was ist der Unterschied zur Pornografie?

Jelinek Eben nicht der Wunsch, die Genussfähigkeit von einer weiblichen Seite her aufzuräumen. Das haben ja viele Autorinnen zur gleichen Zeit wie ich versucht. Das muss aber misslingen, einfach weil es ja diese weibliche Sprache für Sexualität nicht gibt. All diese Arbeiten haben dafür den Beweis geliefert. Es funktioniert nicht, denn die Frau ist nicht das Subjekt der Begierde, sondern immer das Objekt. Und deshalb müssen sich die Frauen, im Leben wie in der Literatur, letztlich immer an der männlichen Ästhetik orientieren. Ich aber wollte die Frau nicht nur zeigen als eine, die nicht Subjekt der Begierde ist, sondern als eine, die scheitern muss, wenn sie sich zum Subjekt der Begierde macht. Weil sie durch ihre Initiative sozusagen die Begierde des Mannes auslöscht. Vor allem für diese These bin ich so angegriffen worden. Von Männern. Wütendste Briefe von Sexologen. Von Sexualforschern. Auch von durchaus linken, sensiblen, politisch bewussten Männern. Die haben mich beschimpft und gesagt: Es stimmt nicht, dass die Begierde der Frau die Begierde des Mannes auslöscht, ich würde niemals mit einer Frau schlafen, die mich nicht begehrt.

Schwarzer Aber wir aktiven Frauen wissen da natürlich aus Erfahrung, wovon wir reden ...

Jelinek Die Frauen müssten angeblich lernen, auch zu akzeptieren, wenn ein Mann Nein sagt. Aber da die Frau nicht Subjekt ihrer Wünsche ist, ist sie auch nicht Subjekt ihrer Sprache. Wenn eine Frau Nein sagt, ist es eben nicht Nein. Und weißt du, was das Komische ist? In demselben *profil*, wo diese wütenden Leserbriefe gegen mich waren, die mir den Tod gewünscht haben, war hinten im Redaktionellen der Fall einer jugoslawischen Serviererin, die von drei Dorfhonoratioren, also Gemeinderäten, Kleinunternehmern und so, stundenlang festgehalten und vergewaltigt und gequält worden war. Das ist so ein Fall, wo sie gesagt hat: Nein, ich will nicht. Das ist wie nicht gesagt, so wenig ist die Frau Herr der Sprache. Ein Mann, der Nein sagt, hat keine Vergewaltigung dafür zu befürchten, sondern die Frau geht still wieder weg und schämt sich, dass sie es überhaupt versucht hat.

Schwarzer Bekommst du das auch selbst zu spüren?

Jelinek Ich habe auch schon sexuelle Aggressionen zu spüren bekommen, wenn ich Nein gesagt habe. Das ist mir oft passiert. Also ich weiß, wovon ich spreche.

Schwarzer Du hast immer wieder öffentlich gesagt: Sexualität geht eigentlich nur zwischen Gleichen und ist darum heute unmöglich zwischen Männern und Frauen. Und du hast provozierend erklärt: Schade, dass ich nicht lesbisch bin. Ich frage mich nun: Was ist denn so unterschiedlich zwi-

154

schen Männern und Frauen, dass du die einen lieben kannst und die anderen nicht?

Jelinek Also, das kann ich, glaube ich, sehr gut erklären. Natürlich kann man Masochismus auch nicht ganz leugnen. Ich brauche in der Sexualität das andere, also auch das mir Unbegreifliche, Unbekannte, das, woran ich mich mit Aggression, mit Verachtung oder auch mit erzwungener Unterwerfung im wahrsten Sinne des Wortes reiben kann. Frauen aber gehört meine ganze Zuneigung, es sind für mich Vertraute. Meine Unfähigkeit, mit Frauen zu schlafen, sehe ich – ich möchte jetzt nicht sagen als Perversion – aber als eine Art Entfremdung an, denn eigentlich müsste ich lesbisch sein. Ich kann es aber nicht, weil meine Sexualität in einer Weise zerstört ist, dass ich sozusagen Sexualität jetzt nicht in Verbindung mit Vertrautheit und Zärtlichkeit sehen kann, sondern eher mit Aggressivität verbinde. Andererseits ist es aber so, dass ich unheimlich starke erotische Beziehungen zu Frauen habe. Ich sehe ihnen wahnsinnig gerne zu, wenn sie sich schminken oder anziehen. Ich schaue mir viele Filme nur wegen Frauen an.

Schwarzer Aber Männer und Frauen sind ja nicht nur Prototypen wie in deinen Texten, sondern sind eben auch Individuen, sehr unterschiedliche Individuen. Und da gibt es – wie du selbst sehr gut weißt – auch sanfte Männer und aggressive Frauen.

Jelinek Sagen wir, das männliche Prinzip flößt mir so eine Fremdheit und so eine Furcht und so ein Nichtverstehen ein, dass es mich reizt, mich sexuell damit auseinander zu setzen – und mit meinem Masochismus.

Schwarzer Ehrlich gesagt nehme ich dir ja deinen Masochismus nicht so ganz ab.

Jelinek Dann scheine ich es ja gut zu verbergen.

Schwarzer Ich finde eher, dass du eine ziemlich männliche Frau bist, sowohl im Anspruch an deine Arbeit, wie auch in der Lebensführung. Du führst zum Beispiel ein männliches Leben im Haus. In Wien hast du eine Frau, deine Mutter, die für dich den Haushalt macht.

Jelinek Ja, ich lebe im Matriarchat. Ich könnte mir denken, dass meine Mutter schuld daran ist, dass ich mich sexuell mit Frauen nicht auseinander setzen kann. Diese Inzestschranke ist so ehern und noch immer so ungelöst ...

Schwarzer In der *Klavierspielerin* hast du diese Inzestschranke schreibend überschritten. Dass den Frauen die Sexualität zerstört wurde, hat sicherlich weitreichendere Folgen, als wir ahnen. Sexualität ist ja auch eine zentrale Quelle der Vitalisierung des Menschen.

Jelinek Wenn ich das wüsste ... Ich sehe vor allem die Unmöglichkeit all dessen, was zwischen Männern und Frauen passiert. Es kann ja gar nicht funktionieren. Kennst du eine einzige glückliche Beziehung?

Schwarzer Ja, doch, ein paar wenige ...

Jelinek Ich glaube nicht daran, dass es zwischen Abhängigen oder zwischen Herren und Sklaven glückliche Liebesbeziehungen geben kann. Mir selbst war diese Entsexualisierung schon sehr früh klar. Ich wurde von einer Mutter zur Leistung erzogen, aber das, wofür ich von ihr gelobt wurde und worauf ich so stolz war, hat mich in den Augen der Männer immer monströser gemacht. Denn wenn sie die Wahl haben, die Schönere zu kriegen, dann lassen sie die Klügere lieber stehen.

Schwarzer Du schreibst und sprichst auch viel von der erotischen Entwertung der Frau im Alter.

Jelinek Ja, Altern entsexualisiert dann völlig. Während Männer ein zweites oder drittes Leben beginnen können, sich durch künstlerische oder wirtschaftliche intellektuelle Leistungen aufwerten können, auch wenn sie alt und hässlich und blind sind, geht es für Frauen nur noch bergab. Eine Frau wird im Alter vollständig entwertet.

Schwarzer Macht dir das Angst?

Jelinek Und wie. Ich werde natürlich mit 80, wenn ich krank, alt und blind bin, keinen jungen Mann finden, der sich um mich kümmern wird, ich werde wohl eine alte Jungfer werden, die mit einem Hund einsam und alt in einem Hexenhäuschen lebt ...

Schwarzer Es bestimmt eben immer der Herrschende, was begehrenswert ist. Das ist das Problem.

Jelinek Ja. Und das Imperium schlägt jetzt zurück. Die Männer sind nicht bereit, sich zu verändern, zu verzichten. Sie wollen wieder echte Frauen. Manchen Frauen macht das nichts aus, weil sie es immer so gemacht haben. Dazu gehört auch das Männer-gegeneinander-Ausspielen, das Frauen-Abtaxieren. Diesen Frauen sind wir sowieso unterlegen.

Schwarzer Den Weibchen ...

Jelinek Ja, die Waffen einer Frau. Ich habe das alles nie gelernt. Es würde mich ja trösten, wenn es das Männliche in mir wäre, das mich daran hindert. Ich fürchte nur, es ist nur das Trampelige in mir. Ich muss allerdings gestehen, dass ich durch Beobachtung diese Tricks jetzt durchschaue, aber zu stolz bin, sie selbst anzuwenden.

Schwarzer Wann bist du denn zum ersten Mal konfrontiert worden mit dem „Männlichen"?

Jelinek Schon recht früh eigentlich, weil mir die Sexualität so verboten war von meiner katholischen Mutter. In dem Augenblick, wo man seine Sexualität entdeckt und sich sozusagen auf dem Markt der anbietenden und angebotenen Körper bewirbt und versucht, einen Käufer für sich zu finden, begreift man. Die Frau darf nicht wählen, die Frau muss gewählt werden. Und um gewählt zu werden, muss sie eben bestimmte Voraussetzungen erfüllen. Da war nicht mehr gefragt, wie gut ich Geige oder Klavier oder Orgel spielen konnte oder komponieren oder Ballett tanzen. Da war nur noch gefragt, wie ich aussehe und wie charmant ich bin und wie ich zu haben bin. Ich muss alles vergessen, ein zweites Leben beginnen, sozusagen ein Leben im Untergrund.

Schwarzer Du bist seit zwölf Jahren verheiratet. Dein Mann Gottfried Hungsberg ist so alt wie du und Naturwissenschaftler, wie dein Vater. Er lebt in München, 600 km entfernt von Wien. Du lebst zu zwei Drittel in Wien im Haus deiner Mutter und zu einem Dritteln hier in München. Ihr seht euch also etwa zehn Tage im Monat. Ist diese Distanz einer der Gründe, warum es klappt?

Jelinek Ja. Ich muss sagen, dass der Gottfried mich sehr, sehr schätzt und nie versucht hat, meine Kreativität in Zweifel zu ziehen oder zu unterdrücken. Dann hätte ich ihn auch nie geheiratet. Und er will mich auch nicht besitzen. Wir lassen uns Freiheiten. Und vor allem: Wir reden nicht über alles. Ich halte nichts von der Wahrheit. Ehrlichkeit in der Beziehung lehne ich ab.

Schwarzer Was schätzt du bei Männern? Und was bei Frauen?

Jelinek Was ich bei Männern hasse, kann ich genau sagen: Das ist dieses Machogehabe. Ich mag im Allgemeinen sehr junge Männer, also alles, was unfertig ist, was sich noch nicht in diesem System wohnlich eingerichtet hat, um Karriere zu machen. Bei Frauen macht es mir Probleme, wenn sie ein Kind bekommen und darüber ihr eigenes Leben und alles andere vergessen, nur noch Mutter sind.

Schwarzer Haben unmännliche Männer nicht auch Untiefen?

Jelinek Sicher. Ich muss gestehen, dass mir das auch schon passiert ist, dass sich einem Männer zwar andienen, in fast sklavischer Weise, und dass sie sich auch gerne einer schöpferischen Frau Untertan machen, gerade um sie zu unterstützen in jeder Weise; dass aber irgendwann einmal diese Ansprüche voll zurückschlagen, und sie dann den Gegenwert in einer Art von Dienstleistung zurückerwarten. Der

158

Preis für ihre Servilität oder ihre Unterwerfung wird sehr wohl eingeklagt. Die Männer achten sehr darauf, dass das Konto ausgeglichen wird.

Schwarzer Frauen schlagen zwar auch gern zurück, aber das äußert sich meist selbstzerstörerisch.

Jelinek Wenn jemand, der keine Macht hat, zurückschlägt, ist das meist nicht sehr effizient.

Schwarzer Du hast direkt und indirekt viel mitgeteilt über die Rolle deiner Mutter in deinem Leben, aber wenig über den Vater. Man weiß von deiner „Eislaufmutter", dass sie dich zum Genie gedrillt hat. Man weiß von deinem Vater, dass er ein „tragisches Wesen" war und im Wahnsinn gestorben ist. Du hast also nicht nur eine starke Mutter, sondern auch einen schwachen Vater gehabt. Was aber heißt: Er war auch menschlich, kein Tyrann, der dich erdrückt hat.

Jelinek Es war absolut unmenschlich! Weil er einfach ein schwerer Psychopath war. Mein Vater war ein außerordentlich begabter Naturwissenschaftler, aber menschlich ein armes Schwein. Er hat das Schicksal gehabt, schwer neurotisch zu sein und dem Wahnsinn zu verfallen.

Schwarzer Wie alt warst du, als er in die Psychiatrie kam?

Jelinek Da war ich erwachsen. Ich habe praktisch die ganze Zeit meiner Pubertät neben einem Vater gelebt, der den Verstand verlor, der eine unbeschreiblich schwache und lebensuntüchtige und fern stehende, verschrobene, obskure, unfähige Figur war, also keine väterliche Instanz. Die Mutter war phallisch, war eben Vater und Mutter in einer Person. Eine monströse, totempfahlähnliche Instanz. Meine Mutter ist noch heute, mit 86, Furcht erregend stark. Allerdings habe ich den Eindruck, dass die Töchter von starken Vätern zwar tüchtig sein können, aber nicht kreativ. Der Vater verkörpert ja diese männliche Ordnungsinstanz, dieses Sich-Einpassen ins Karrieredenken. Töchter von starken Vätern werden darum sicherlich gute Anwältinnen oder Ärztinnen und Lehrerinnen und vielleicht auch Wissenschaftlerinnen, aber die Kreativität bleibt bei allen Menschen, die übermächtige Väter haben, auf der Strecke. Auch ich habe meine Kreativität nur entwickeln können dank dieser starken Mutter.

Schwarzer Du hast in der letzten Zeit öfter Ingeborg Bachmann zitiert. Wir müssen heute davon ausgehen, dass sie Inzestopfer war. – Ihre Revolte und Kreativität käme also nicht aus dem Stolz, sondern eher aus der Erniedrigung.

Jelinek Also jetzt ganz überspitzt: Die Bachmann ist auch ermordet worden, ist auch zugrunde gegangen. Während ich überleben werde. Ich weiß nicht, was erstrebenswerter ist. Ich werde von Männern sicherlich gebrochen, werde zwar freudloser, aber ich werde überleben. Allerdings nicht glücklich, denn die Glücksmöglichkeiten für Frauen in unserer Gesellschaft sind bescheiden. Ich werde auch letztlich aus meiner Arbeit kein Glück ziehen können.

Schwarzer Ich möchte nochmal auf deinen Vater kommen. Er war Jude. Wie hat er eigentlich überlebt?

Jelinek Natürlich in einer Mischehe mit einer Arierin, und dann als Naturwissenschaftler. Ich glaube, er hat an kriegswichtigen Sachen geforscht und war darum unentbehrlich. Ich kann mir durchaus vorstellen, dass das auch psychisch auf ihn einen verheerenden Einfluss gehabt hat.

Schwarzer Glaubst du das oder weißt du das?

Jelinek Ich weiß es. Die Deutschen brauchten nach dem Kautschukboykott künstlich erzeugten Kautschuk für Treibriemen. Alle Räder mussten sich drehen für den Sieg. Er hat an einem Klebstoff für die Treibriemen aus diesem Buna gearbeitet. Das hat ihn bestimmt belastet. Im Alter kam dann noch dieser langsame Abbau dazu. Am Anfang hatte das noch ganz witzige Züge, indem er die Worte für die Gegenstände verwechselte und, wie aus Kindermund, so seltsame Dinge sagte, bis eben zum völligen geistigen Abbau. Das habe ich jahrelang miterlebt.

Schwarzer Und die Familie deines Vaters? Hat die überlebt?

Jelinek Ja, die hat im Versteck überlebt, ein Teil war emi-
griert. Ich weiß von keinem, der umgekommen ist. Aber sie
haben sich das Leben zur Hölle gemacht. Schon meine frü-
hesten Erfahrungen waren tödlich: mörderische Hassge-
fühle zwischen meiner Mutter und ihrer Schwester, zwischen der Familie meines Vaters und der Familie meiner
Mutter. Dann wirklich Mordversuche meiner Großmutter
an meiner Mutter. Das ist ja das allerdüsterste Kapitel, dass
in diesem Matriarchat auch eine Großmutter war, die wiederum meine Mutter gehasst hat, die wiederum ihre Schwester gehasst hat, die gar nichts dafür konnte, weil die Mutter
natürlich schuld war.

Schwarzer Die hockten alle aufeinander?

Jelinek Nein, nein, die hatten kaum Kontakt. Die hatten allerdings alles zusammen geerbt, die Häuser wurden zwar alle
geteilt zwischen ihnen, aber sie mussten sich trotzdem über
Anwälte auseinander setzen. Bis heute. Harmonie in einer
Familie, das ist für mich etwas unbeschreiblich Exotisches.

Schwarzer Ich glaube, das ist für die meisten Menschen
unbeschreiblich exotisch.

Jelinek In dem Ausmaß, wie ich es erlebt habe, habe ich es
woanders noch nie gesehen. Außer vielleicht bei Unica Zürn,
die von ihrer Mutter vergewaltigt worden ist.

Schwarzer Du kennst keine körperliche Gewalt?

Jelinek Diese gröhlende, brutale Gewalt habe ich nicht
erlebt. Das ist mir ganz fremd. Aber ich habe natürlich den
Psychoterror in den feinsten Verästelungen und raffiniertes-
ten Nuancen erlebt. Ich glaube, in Psychoterror bin ich Ex-
pertin.

Schwarzer Auch die Tatsache, dass du nach den Nazi-Ter-
mini „Halbjüdin" bist, Jahrgang 1946, muss dich doch geprägt haben.

Jelinek Bei mir ist das anders. Da waren keine gläubigen Juden in der Familie. Der jüdische Teil meiner Familie, das waren sehr engagierte Linke. Mein Großvater war ein großer Agitator, allerdings auch ein großer Patriarch. Die Frau musste zu seinen Füßen am Schemel sitzen und durfte nicht einmal auf einer Höhe mit ihm sitzen, und sie musste essen, was er übrig ließ. Aber ich will das auch nicht mythologisieren. Ich bin in dem Sinne kein Opfer. Obwohl natürlich meine Eltern auch schon 42 und 48 waren, als ich auf die Welt gekommen bin, weil sie es vor '45 natürlich nicht wagen konnten. Und diese völlige Zerstörung meines Vaters, die hat natürlich auch etwas damit zu tun.

Schwarzer Du bist also doppelt betroffen von der Entwertung: als Frau und als Jüdin.

Jelinek Das stimmt. Diese Erfahrung, verfolgt gewesen zu sein, also diese kollektive Erfahrung, das habe ich schon noch mitbekommen. Dann war aber da das politische Engagement meines Vaters, der zeitlebens in der sozialistischen Partei war, das wiederum richtete sich gegen das meiner Mutter in der katholischen Kirche. Das war wieder die Kluft zwischen meinen Eltern: der jüdische Proletarier und die katholische Großbürgerin. Der Vater war sozusagen der Machtlose.

Schwarzer Ja, aber man stelle sich vor, sie hätte keine Macht gehabt – bei der Tradition, aus der dein Vater kam. So mancher rührende, schwache Mann wäre vermutlich ein Pascha, wenn er nicht eine starke Frau hätte, die ihn daran hindert ...

Jelinek Er war meiner Mutter zeitlebens dankbar, denn sie hat ihm in der Nazizeit ja indirekt das Leben gerettet.

Schwarzer Du persönlich hast die Erfahrung umgekehrter Verhältnisse gemacht: eine starke Mutter und einen schwachen Vater. Gleichzeitig bist du eine konsequente Analytikerin des Machtverhältnisses zwischen Männern und Frauen, das du „faschistoid" nennst.

Jelinek Eben das ist deshalb nur möglich: weil dieses Anders-Sein, die ganz andere Erfahrung, den Blick schärft für die tatsächlichen Verhältnisse. Wenn ich mit einem prügelnden, vergewaltigenden Vater aufgewachsen wäre, wäre ich vermutlich gar nicht imstande gewesen, was anderes zu denken, dann wäre ich zerbrochen gewesen und hätte das nicht einmal reflektieren können. Du kannst so was ja nur als Fremdling reflektieren.

Schwarzer Im Ausland ist es üblich, den Sexismus strukturell mit dem Antisemitismus und dem Rassismuss zu vergleichen, also auf die identischen Wurzeln, Strukturen und Folgen hinzuweisen. In Deutschland tut man darüber gern schockiert.

Jelinek Die Parallelen sind natürlich da, Sexismus und Antisemitismus, weil beide, Frauen wie Juden, diese scheinbare Naturhaftigkeit zugesprochen bekommen. In dieser falschen, verlogenen Naturhaftigkeit ist wirklich eine starke gemeinsame Wurzel zwischen Antisemitismus und Frauenfeindlichkeit zu sehen.

Schwarzer Wie siehst du deine Zukunft?

Jelinek Ich sehe überhaupt keine Lösung ... Manchmal möchte ich einfach auch eine ganz normale Ehefrau sein, mit einem Witwer oder einem geschiedenen Mann und erwachsenen Kindern oder halb erwachsenen Kindern, die in einem vollkommen geordneten oder geregelten Leben leben.

Schwarzer Du weißt zu viel.

Jelinek Aber die Phantasie habe ich trotzdem manchmal: zu leben wie in diesen Doris-Day-Filmen ... Um endlich auszuruhen. Nicht mehr diese Berge, die Betonberge aufreißen zu müssen. Ich möchte schon mal eine Zeit lang nicht arbeiten müssen. Aber gleichzeitig denke ich doch, dass ich mich jetzt als nächste Stufe am Denken reiben sollte, in Literatur und Sexualität. Ich kann es offenbar nicht abstellen. Es macht einen nicht glücklich zu wissen. Da kann man sich ja an einsamen Abenden nichts abbeißen, wenn man etwas weiß. Man kann wenig Glücksgefühle daraus ziehen. Das kennen wahrscheinlich viele engagierte Frauen, dass da eine gewisse Verbitterung entsteht, dass sie jetzt Dinge und Zustände schon so lange sehen und beschreiben und sich ja nichts ändert. Es werden weiterhin – wie die Bachmann sagt – alle Gedanken der Frauen um die Männer kreisen. Die Männer hingegen werden sich nach wie vor kaum mit den Frauen beschäftigen. Es werden immer noch Millionen Bücher gekauft, warum Männer nicht lieben können und warum Frauen zu viel lieben. Von Frauen. Den Männern ist es eigentlich sowieso egal, was die Frauen von ihnen denken. Den Frauen wird es trotz Frauenbewegung niemals egal sein, was die Männer von ihnen halten. Sie werden immer versuchen, zumindest deren Verständnis zu finden, sich mit ihnen zu arrangieren.

Schwarzer Was verständlich ist, weil sie die Schwächeren sind. Aber wie kann man damit leben?

Jelinek Ich weiß es wirklich nicht. Hast du da irgendwelche Ideen?

Schwarzer ...

Jelinek Einfach Abstand halten zum Universum der Männer? Bewusst stärker auseinander rücken? Sich weniger all dem ausliefern?

Schwarzer Das muss wohl jede für sich beantworten ...

Jelinek Es wird sich ändern müssen. Und es wird sich auch ändern, aber nicht mehr zu unseren Lebzeiten. Ich glaube, dass alle Kulturleistungen von den Frauen erfunden worden sind. Irgendwann einmal wird dieses schweigende Reich, auf dem die Männer wie auf einem lebenden Fundament stehen, die Frauen eines fernen Tages zu einem neuen Selbstbewusstsein bringen, sie werden sich ihrer Macht bewusst werden.

Schwarzer Neigst du jetzt nicht zur Mystifizierung von Frauen?

Jelinek Vielleicht. Weil sie mir genauso fremd sind wie Männer.

Schwarzer Vorhin hast du gesagt, Frauen wären dir vertraut.

Jelinek Habe ich ...? Ich würde nicht sagen, dass ich die Frauen verstehe. Vielleicht verstehe ich sogar die Männer besser. Ich muss auch gestehen, dass ich mich bisher natürlich auch mehr mit Männern beschäftigt habe.

Erstveröffentlichung in EMMA 7/1989

Pina Bausch, Tanztheatermacherin

In meinem an Porträts und Interviews nicht gerade armen Berufsleben ist sie, glaube ich, eine der wenigen, wenn nicht die Einzige, die nicht in Frieden ist mit meinem Text über sie – und ich weiß bis heute nicht, warum. Selbstverständlich hatte ich der als so „schwierig" Geltenden den Text vor Veröffentlichung gezeigt, wie immer, wenn ich mit jemandem spreche. Und sie hatte auch ein paar kleine Änderungen erbeten, hastig besprochen im Wartesaal von Wuppertal-Elberfeld, kurz vor der Abfahrt mit ihrer Truppe nach Japan. Aber anscheinend war das nicht alles ...

Wie auch immer, ich halte diese spröde Person aus Solingen für eine der bedeutendsten Künstlerinnen des 20. Jahrhunderts, und stehe mit dieser Auffassung nicht allein: Pina Bausch hat nicht nur das Tanztheater und das Theater revolutioniert, sondern unseren Blick auf Menschen verändert.

Es ist ein regnerischer Wintertag. Ich parke das Auto gleich um die Ecke, in der engen Einbahnstraße zwischen Wupper und Häuserzeile. Hier, im Zentrum von Barmen in dem einst pompösen 50er-Jahre-Kino, der Lichtburg, ist der Proberaum des weltberühmten Wuppertaler Tanztheaters. Nur ein paar hundert Meter entfernt steht das Opernhaus. Hier in Wuppertal hat Pina Bausch, die Schöpferin des Tanztheaters, schon als Kind getanzt.

In 40 Jahren von Wuppertal nach Wuppertal. Ein Weg, auf

dem sie das Theater in der Welt revolutionierte und der internationalen Kultur-Intelligenzia die Sprache verschlug, beinahe. Doch das ist draußen. Drinnen wiegt das nicht. Drinnen wird, wieder einmal, ganz von vorn angefangen: Das neue Stück wird erarbeitet. Premiere soll am 21. März sein. Noch acht Wochen Zeit.

Der Eingang liegt versteckt, überstrahlt von der Neonschrift von McDonald's, die gleich nebenan ihr Fast Food verkaufen. Ich stolpere die fast dunklen Treppen rauf, taste mich durch einen Gang und lande im Proberaum. Der große Kinosaal ist leer geräumt. Unten, vor der Bühne, sitzt an einem mit Papieren und Kaffeetassen überladenen Längstisch Pina Bausch, das Gesicht zum Saal gewandt. Hinter ihr, auf der erhöhten Bühne, Mitarbeiter und Tänzer.

Die meisten Tänzerinnen und Tänzer aber sitzen vor ihr, wie im „Kontakthof", auf Stühlen, die in der vorderen Hälfte des Saales an der Wand entlang stehen. Ich setze mich rasch auf einen freien Stuhl. Die Arbeit hat bereits begonnen. Auf ein Handzeichen von Pina Bausch hin versammeln sich alle Tänzerinnen und Tänzer vor ihrem Tisch. Sie sagt das erste Stichwort des Abends: etwas beginnen und doch nicht tun.

Die Tänzerinnen und Tänzer gehen zu ihren Plätzen zurück. Alle haben ihre Stammplätze, wie ich später merke. Sie wirken müde und angespannt. Sie sinnieren still vor sich hin. Einige scheinen zu dösen. Andere machen sich Notizen. Wieder andere treten, im hinteren Teil des Raumes, vor einen der Spiegel, um sich, diskret, bei den ersten Versuchen selbst zu beobachten. Oder sie gehen in einem der Nebenräume auf die Suche nach Utensilien: ein Hut, ein Stuhl, eine Tonne.

Der Tscheche Jan Minarik, der schon vor der Zeit mit Pina Bausch am Wuppertaler Ballett gearbeitet hat, tritt an diesem Nachmittag als Erster vor. Er legt einen Plastikfisch auf den Boden, streckt sich daneben aus und beginnt, auf dem

Bauch liegend, Schwimmbewegungen zu machen. Die Amerikanerin Melanie Lien tritt vor. Sie öffnet weit den Mund, beginnt zu schreien und hält nach dem ersten Ton abrupt inne. Der Franzose Jean Sasportes tritt vor. Er versucht, mit drei Kartoffeln zu jonglieren, eine fällt immer wieder hin.

Pina Bausch sitzt am Tisch und schaut zu. Ernst und genau. Sie wirkt gespannt und respektvoll, aber auch unerbittlich. „Was ich tue? Ich gucke. Mich interessiert die Wirklichkeit. Und nicht bereits verarbeitete Wirklichkeit."

Nach jedem einzelnen Zeigen der Tänzer macht sie sich Notizen in einem aufgeschlagen vor ihr liegenden Buch. Manchmal notiert sie noch, während schon ein neuer Tänzer, eine neue Tänzerin vor sie hintritt. Sie schaut verspätet hoch. Die Tänzer warten reglos. Allein. Oder auch zu zweit oder dritt. Das Ganze geht ohne Kommentare. Manchmal lächelt sie.

Pina Bausch gibt an diesem Abend noch drei Stichworte: Schwerelos. Regen. Von etwas Kleinem runterspringen oder rauf.

Sie ist bei dieser Arbeit Autorin, Choreografin und Regisseurin zugleich. Ihre Tänzerinnen und Tänzer sind auch Schauspieler und Co-Autoren. Die Arbeit ist Knochenarbeit. Für die TänzerInnen: jeden Vormittag anderthalb Stunden lang Training, anschließend etwa zwei Stunden Probe; abends etwa vier Stunden lang wieder Probe. Und das vor den Premieren auch an den wenigen freien Tagen. Die meisten sind seit Jahren dabei. Ihre Mimik und Bewegungen sind denen, die die Stücke des „Wuppertaler Tanztheaters" kennen, auf familiäre Weise vertraut.

Von diesem Abend wird Pina Bausch für das Stück, das bei der Premiere den Titel *Ahnen* trägt, genau drei Bewegungsabläufe übrig behalten: Jean Sasportes jongliert die Kartoffeln. Beatrice Libonati macht, mit dem Rücken quer über einem Stuhl liegend, langsame, schwebende Bewegungen mit Armen und Beinen. Lutz Förster springt mit beiden Beinen auf das Rückgrat der kniend vorgebeugten Finola Cronin. Das Stück geht dreieinhalb Stunden. Die drei Szenen machten vielleicht fünf Minuten aus.

Vor Pina Bausch lernten SchauspielerInnen Rollen, tanzten TänzerInnen einstudierte Parts. Sicher, schon Ariane Mnouchkine und andere ließen improvisieren, aber immer vor dem Hintergrund einer Vorlage. Bei Pina Bausch gibt es keine Vorlagen mehr, keine Drehbücher, keine Choreografie. Ihr Ausgangsmaterial sind die Menschen selbst. Ihre Sprache sind nicht nur Worte, sondern vor allem Bewegungen.

Gesichter und Körper, die Spuren des gelebten wie ungelebten Lebens tragen. „Irgendwo ist ja alles sichtbar – auch wenn wir uns vielleicht festgehalten haben. Aber das kann man auch sehen, wo das unterdrückt ist. Da gibt es schon Stellen, wo Menschen nicht dran denken, wie sie sich kontrollieren."

Die Methode der Pina Bausch: „Ich versuche zu fühlen, was ich fühle. Das ist eigentlich ein ganz genaues Wissen, das ich aber sprachlich nicht formulieren kann. Ich versuche, es einzukreisen. Ich stelle Fragen. Hier in der Gruppe. Und ab und zu treffe ich etwas, was mit dem zu tun hat, was ich suche. Das weiß ich dann. Dann krieg ich einen kleinen Zipfel zu fassen. Ich mache noch kein Stück, sondern ich sammle erst mal nur Material. Ich frage selten etwas direkt. Ich frage immer nur um Ecken rum. Denn wenn die Fragen plump sind, können die Antworten auch nur plump sein. Ich merke mir alles. Ungefähr die Hälfte lasse ich nochmal machen. Dabei fällt wieder was weg, manches war eben nur in der Situation gut. Manchmal lege ich den Leuten auch etwas in den Mund, weil ich möchte, dass es von ihnen kommt. Etwas verwerfen fällt mir schwer. Bevor ich das wegschmeiße, begucke ich es von hinten und von vorn, wie einen Pfennig. Am Ende bleiben ungefähr fünf Prozent übrig."

Und ab wann beginnt diese Sammlung von Mosaikstein-chen sich zu einem Bild zu formen? „Diesen Prozess schiebe ich manchmal raus, weil ich Angst habe, konkret zu werden. Und plötzlich gehören dann zwei Dingelchen zusammen. Das kriegt dann eine neue Aussage. Ich weiß ja, irgendwann muss ich anfangen ... Ein paar Wochen vor der Premiere ...."

Pause. Pina Bausch hat sich einen Hut aufgesetzt. Der schützt sie. Nicht nur vor dem Licht.

Einer ihrer Tänzer, der Holländer Ed Kortlandt, spricht mich an. Er ist seit Anbeginn dabei, seit 13 Jahren. So, wie sie jetzt arbeitet, sagt er, so arbeitet sie seit 1980. Sie sagt während der gesamten Proben nicht ein Wort über ihre Absicht, ihr Konzept. Sie sagt: Ich weiß es selber noch nicht. Früher, erzählt er, war ihre Arbeitsweise offener, kollektiver, es wurde stärker improvisiert. Heute ist die ganze Suche auf sie ausgerichtet, wird atmosphärisch und konzeptionell von ihr bestimmt. Es gibt Momente an diesem Abend, da wirkt Bausch trotz der vielen Menschen fast autistisch.

Pina Bausch hat etwas mitzuteilen. Sie kann aber noch nicht sagen, was. Sie ist auf der Suche danach. Und diese Suche ist quälend. Für alle. Bis zum Schluss. Es gibt Stücke, die wurden in ihrer Bühnenform erst am Premierenabend selbst zum ersten Mal aufgeführt. Bis dahin ging die Suche, das Zögern. Und nicht selten greift Pina Bausch auch nach der Premiere wieder ein, verändert, ergänzt.

Obwohl wir an diesem Abend noch „auf ein Glas" verabre-det sind, würde Pina Bausch nach der Probe am liebsten nach Hause gehen. Nicht nur, weil sie müde ist. Auch, weil sie Horror hat. Horror vor dem Befragtwerden. Worte sind ihr fremd. Sie fallen ihr schwer. Ihre Körpersprache signali-siert: Lass mich in Ruh. Sie überlegt es sich dann doch anders. Beim Essen im kleinen Kreis ist sie zunächst still und abgewandt. Allmählich wendet sie sich mir zu, dreht Blick und Körper in meine Richtung. Und als jemand von der „Geschichtslosigkeit der Deutschen" spricht, mischt sie sich ein. Zögernd. Scheinbar zusammenhanglos sagt sie: „Ich weiß nicht, ob das was damit zu tun hat, aber: Ich trage immer Hosen …"

Ich verstehe nicht sofort. Aber dann. Natürlich. Geschichtslosigkeit. Geschichtslosigkeit von Frauen. Diese Frau kann nur arbeiten, indem sie die eigene Geschichte, die Geschichte der Weiblichkeit ein ganzes Stück hinter sich lässt und zu dem männlichen Privileg greift, kreativ zu sein. In Hosen. Pina Bausch selbst würde das wohl so nicht erklären. Sie erklärt überhaupt nichts mit Worten. Sie zeigt es an Menschen.

Die kleine Szene schien mir bezeichnend für ihre Art zu fühlen, zu denken, zu arbeiten. Sie beobachtet, wartet ab und erfasst, ganz intuitiv, plötzlich den entscheidenden Punkt: Wie ein Adler vom Himmel stürzt sie dann runter und greift sich das Thema: Präzise. Entschlossen. Vieldeutig.

Intellektuelle in aller Welt haben über diese so un-intellektuelle Schöpferin vieles gesagt, so manches ist Geschwafel, weniges ist treffend. So der Satz des französischen Ex-Kultusministers Jack Lang: „Antonin Artaud hätte in ihr die Verkörperung seines Ideals gefunden: eine ungezähmte Energie, die von höheren Kräften bestimmt wird."

Pina Bausch selbst schreckt vor Worten zurück. Auch vor denen über ihre Arbeit. „Ich kann nicht genau sagen, was ich will. Ich habe ja eigentlich auch ein Anliegen … Aber das sind nicht Worte. Vielleicht findet die ja mal jemand. Aber das habe ich noch nie erlebt. Manchmal bin ich erstaunt, dass das, was ich sage, wohl doch so verschlüsselt ist, denn ich denke: Es ist doch so offensichtlich. So ein Stück hat unheimlich viele Schichten. Wenn man ein Stück mehrmals sieht, tauchen immer neue Gefühle und Gedanken auf. – Gleichzeitig aber sind die Stücke alle abgesteckt, bestimmte Dinge nicht zu denken!"

Und die Kritik? Pina Bausch überlegt lange. „Häufig sind

arme Sehgewohnheiten vorhanden. Die Kritiker können nicht gucken. Das Publikum ja. Wie soll man auch gucken, wenn man während des Stückes schon Notizen macht. Eigentlich muss man gucken und was passieren lassen, auch mit sich selbst was passieren lassen, im Kopf und Bauch."

Das „normale" Publikum tut das. Die Bausch-Inszenierungen in Wuppertal wurden vom Abonnement-Publikum von dem ersten Stück an von „Pfui"-Rufen und „Aufhören, aufhören!" begleitet. Das ist auch jetzt, nach 13 Jahren und auf der Höhe des Weltruhms, nicht viel anders. Dieses Publikum ist zu Recht irritiert und es erfasst damit auch die radikale Naivität der Bausch-Inszenierungen: In der *Ahnen*-Premiere kommentierte die Reihe hinter mir das ganze Stück über lautstark, wie im Kasperle-Theater, die burlesken Ereignisse auf der Bühne.

Pina Bausch wundert sich. Denn: „Gegenüber der Wirklichkeit ist das ja alles nichts. Da sagt man oft: Das gibt's ja gar nicht, wie die Leute sich in meinen Stücken aufführen, wie die lachen, was die alles tun. Aber wenn man einfach mal guckt, wenn Leute über die Straße gehen – wenn man die über die Bühnen laufen lassen würde, völlig alltäglich, nichts Absurdes, die ganze Reihe einfach mal passieren lassen, ganz einfach – das würde das Publikum ja gar nicht glauben. Das ist ja ganz unglaublich. Dagegen ist das, was wir machen, winzig." Und über Menschen sagt sie: „Ich liebe Menschen. Ich liebe tatsächlich Menschen. Ich meine: Das kann man auch sehen auf der Bühne. Ich liebe jeden Einzelnen. Ich gucke den auch gerne an. Ich bin interessiert. Ich versuche zu verstehen, was in dieser Person für Gefühle sind. Warum sie sich so äußert. In welcher Not sie das tut."

Zu eng ist ihr aus der Ferne wohl auch darum das Etikett „Feminismus": „Das ist mir im Laufe der Jahre so untergeschoben worden", antwortete sie ihrem Dramaturgen und Protokollanten Raimund Hoghe, der über sie ein Buch veröffentlichte. „Feminismus? Da ziehe ich mich immer in mein Schneckenhaus zurück. Vielleicht, weil das so ein Modewort geworden ist. Das hört sich manchmal an wie ein Gegeneinander statt Miteinander. Vielleicht auch, weil man da oft so eine komische Trennung zieht, die ich eigentlich nicht schön finde."

Nein, schön ist das nicht. Aber „schön" sind ihre Aufführungen auch nicht. Wie sagte Pina Bausch zu mir beim Gespräch über die Gewalt in ihren Stücken? „Es geht nicht um die Gewalt, sondern um das Gegenteil. Ich zeige die Gewalt nicht, damit man sie will, sondern damit man sie *nicht* will. Und: Ich versuche zu verstehen, was die Ursachen dieser Gewalt sind. Wie beim Blaubart. Oder in *Kontakthof*."

Ich erinnere mich noch zu gut an dieses erste Stück, das ich 1978 von ihr sah. *Kontakthof*. Ich kam damals ganz bedrückt aus dem Theater und fragte mich: Ist es denn so schlimm? Ist es wirklich so schlimm um Frauen und Männer bestellt ...? Die Bühne: ein Kampfplatz der Geschlechter, Tanzschule und Bordell in einem. Die Konfrontation: schmerzlich für beide, auf der Seite der Männer aber immer geprägt von ihrer sozialen und körperlichen Überlegenheit. Und die Frauen? Opfer. Aber auch Mittäterinnen. Sie biedern sich, selbst nach dem Schrecklichsten, immer noch an. Oder sie erstarren in Verzweiflung. Oder sie geraten in eine alles, auch sie selbst zerstörende Rage.

Dennoch: Einen erotischen Blick hat Pina Bausch vor allem für Frauen. Männer sind bedrohlich, grotesk, traurig, witzig oder rührend. Frauen können bei ihr all das auch sein. Sie aber sind noch mehr: nämlich sinnlich. Sehr sinnlich.

Und dann ist da die Kleidung. Ihre Männer signalisieren oft Starre, Rolle und Macht in ihren ewig dunkelgrauen Anzügen und schwarzen Halbschuhen. Manchmal, vielleicht zunehmend, brechen sie daraus aus. Werden komisch

oder feminin. Sind Menschen in Abendkleidern und Tüll-
röcken.

Ihre Frauen bewegen sich immer zwischen zwei Extre-
men: Da sind die, die in Stöckelschuhen über die Bühne trip-
peln und sich in ihren Kleidern oft demonstrativ nicht bewegen können, die auch in Situationen der höchsten Not noch
hilflos zu verführen suchen. Ihre Aggressionen richten sie
oft gegen sich selbst. Das Stigma der Weiblichkeit klebt an
ihnen wie Pech. In *Kontakthof* versuchen sie vergeblich, die
hinderlichen Stöckelschuhe abzustreifen: Die scheinen an-
gewachsen. Und da sind die, die all diese Hüllen und Fesseln
abgelegt haben: Ihre einfachen, sachlichen, hautfarbenen
Hemden machen sie frei – aber auch verletzlich. Sie wirken
nicht weiblich. Sie wirken menschlich.

So ist Pina Bausch angezogen in dem einzigen Stück, in
dem sie selbst auf der Bühne steht, in *Café Müller*, entstanden 1978. Die Trauer und Sehnsucht dieses Stückes sind
beklemmend. Mit Bausch auf der Bühne in der alten Fas-
sung des Stückes: ihr Gefährte Rolf Borzik, Dominique
Mercy, Meryl Tankard und Malou Airoudo. Mercy rast,
gegen sich und die anderen. Borzik versucht, vergeblich,
gegen die Zerstörung anzuwirken. Tankard bleibt gefangen
in ihrem hilflos-weiblichen, aufgetakelten Part, verschüttet
unter einer Lockenperücke und einem Mantel, an den
Füßen fesselnde Stöckelschuhe. Airoudo und Bausch bewegen sich barfuß und in Hemden. Alle rennen, im Wortsinn,
mit dem Kopf gegen die Wand; sie gehen, wahrhaft, die
Wand hoch.

Die beiden von der Rolle befreiten Frauen wagen sich auf
Neuland. Ihre Einsamkeit ist groß – so groß, wie sie nur sein
kann, wenn man zu zweit ist. Sie riskieren auf der Suche den
(seelischen) Tod. Kurz vor Schluss des Stückes streift die
weibliche Frau der androgynen Frau ihre Perücke und ihren
Mantel über, Bausch macht Tankards Part für einen Moment

zu dem ihren. Am Ende tritt die Tänzerin Bausch zurück: Die Choreografin Bausch verbeugt sich im Mantel. Zufall? Oder bewusster Schutz vor dem Publikum? „Zufall", antwortet Bausch, wenn sie es in Worten sagen muss.

Warum Pina Bausch privat keine Kleider, sondern neutral wirkende weite Hosen und gedeckte Pullover trägt? „Das ist keine Absicht. Ich finde Kleider schön. Ich komme mir nur so unheimlich komisch darin vor: wie ein geschmückter Weihnachtsbaum." Und, ein wenig später: „Wenn ich hier so sitze, bei den Proben, dann ist nur das Notwendige da, um denken zu können. Man stelle sich vor, ich würde hier plötzlich im Make-up reinmarschieren. Das widerspricht sich einfach."

Am Tag nach den Proben sehen wir uns wieder. Wir sind diesmal vorher verabredet, für ein Gespräch. Die Fahrt nach Wuppertal ist mir vertraut. Ich bin selbst Wuppertalerin. Diese Stadt, in deren Manufakturen der Kapitalismus und der Marxismus geboren wurden (Friedrich Engels ist aus Wuppertal-Barmen), ist meine Heimat. Diese Stadt, die mit all ihren Protestanten und Sekten immer eine Hochburg der Weltverbesserer war. Diese Stadt, von der die Dichterin Else Lasker-Schüler auszog, um der „Prinz von Theben" zu werden; und die Frauenrechtlerin Helene Stöcker, um die „sexuelle Freiheit" zu erkämpfen (beide starben im Exil). Diese Stadt, die von den zu Bausch pilgernden ausländischen Kulturpäpsten kurzerhand zum „Ruhrgebiet" geschlagen und zur „hässlichsten und traurigsten Stadt Deutschlands" erklärt wurde. Diese Stadt ist wohl nicht zufällig der Geburtsort von Pina Bausch, Geburtsort im körperlichen wie im künstlerischen Sinne.

Pina Bausch kam im Kriegsjahr 1940 in Solingen, einer Kleinstadt bei Wuppertal, zur Welt. Ihre Welt war eng und weit zugleich: Aufgewachsen ist die kleine Pina in der Gaststätte ihrer Eltern, ein Stammlokal für Nachbarn. „Ich bin ziemlich isoliert aufgewachsen. Alle waren immer unheimlich beschäftigt und haben viel arbeiten müssen. Ich habe mich meist im Lokal aufgehalten, immer mit Menschen. Ich gehe auch heute noch sehr gern in Restaurants. Da kann ich am allerbesten denken: isoliert unter Menschen."

An so manchem Abend saß Pina in der Gaststube unterm Tisch. So muss ihr Blick damals auf die Stuhlbeine, Hosenbeine und Stöckelschuhe gefallen sein. So, wie es heute unser Blick in ihren Stücken tut.

In der Eingangsszene ihres Films *Molière* zeigt die französische Schwester der Bausch, die Regisseurin Ariane Mnouchkine, den kleinen Molière in seiner Kindheitswelt: auf den Speichern, in den Salons und in den Gassen einer farben- und sinnesprächtigen, bigotten Kleinstadt des 18. Jahrhunderts. So kamen die Bilder in Molière. Und so kamen die Bilder in Bausch: Pinas Vater war „groß und stattlich, gesellig, gerne fröhlich", er hatte Schuhgröße 49. Von ihm hat sie die Füße (Schuhgröße 41). „Abends lag ich in meinem Bettchen und betete: Lieber Gott, lass meine Füße nicht mehr wachsen." Die Mutter war „eher still, zurückgezogen". Die aus Polen geflüchtete Großmutter trug „Röcke bis auf die Erde". Sie konnte „so unheimlich gute Reibekuchen machen auf dem Ofen" und nähte für die kleine Pina „Kleider mit Flügelärmeln" (o ja, ich erinnere mich nur zu gut an die Flügelärmel der frühen 50er ...), am liebsten in Rot, aus übrig gebliebenem Fahnenstoff. „Das war für mich ein Alptraum."

Pinas Glück: In dem Lokal verkehren auch Leute vom Theater. „Die meinten, ich wäre so gelenkig, sie würden mich gerne mal mitnehmen ins Kinderballett. Meine Schwester war auch da, die ist aber ganz was anderes geworden. Für mich aber war von da an klar, dass ich tanzen wollte."

„Nur wer liebt, kann so hassen", hat ein Bausch-Kritiker einmal geschrieben. „Nur wer Ballett als Ausdrucksmöglich-

keit, als Lebensform braucht, kann die Mechanik aller Tanz-
bewegungen, die Qual ewiger Exercisen, den Schrecken hinter dem schönen Schein so bloßstellen wie Pina Bausch." Als
die Tänzerin Bausch ihr erstes Stück choreografiert, hat sie
„eine unheimliche Scheu": „Ich wollte keinen Schritt nehmen, den ich kenne. Das wäre für mich wie Stehlen gewesen.
Das war furchtbar kompliziert für mich. Ich konnte nicht von
hier nach da kommen. Ich fing plötzlich an, Formen im Liegen zu erfinden ...."

Schon mit 14 kommt Pina auf die renommierte Essener
Folkwang-Schule. Tagtäglich nimmt sie die weite, umständ-
liche Fahrt auf sich, mit 16 zieht sie nach Essen. Auf der Folkwang-Schule mischten sich damals noch alle Disziplinen:
Schauspiel, Tanz, Musik, Foto, Malerei usw. Die Arbeit mit
Kurt Jooss, der in der Nazizeit hatte emigrieren müssen,
erschließt der Solinger Wirtstochter nicht nur den Tanz, sondern auch eine ganze Welt des kritischen Denkens („Ich
liebte seinen Humor und seine Sinnlichkeit: Er aß so
gerne"). Es folgen zwei Jahre New York, Modern Dance und
Weltstadt („Es gab so viel zu sehen und zu erleben").

Am liebsten wäre Pina Bausch in New York geblieben,
doch da macht Kurt Jooss seine eigene Gruppe und holt sie,
nach zwei Jahren, zurück. Die Jooss-Gruppe ist international, sie gastiert in der ganzen Welt. Bausch wird so etwas wie
Jooss' rechte Hand und übernimmt bei seiner Pensionierung
sehr selbstverständlich die Leitung der Gruppe. „Fast alles,
was ich gelernt habe, habe ich von Männern gelernt."

1971 choreografiert Pina Bausch erstmals am Wuppertaler
Opernhaus, das bis dahin eher klassisches Ballett in Tüll-
röcken gewöhnt gewesen war. Der Wuppertaler Intendant
Wüstenhöfer erkennt sofort ihre Begabung. Er bietet Bausch
die Leitung des Wuppertaler Balletts an. Vergebens. „Ich
wollte nicht. Ich hatte Panik, Angst, dass ich das nicht kann. So
viele Leute. So viel Verantwortung. Ich wollte auch mit der

Routine nichts zu tun haben." Wüstenhöfer lässt nicht locker. Anderthalb Jahre lang. „Bis ich dann gesagt habe: Gut, ich probier's. Aber wenn es nicht gut geht, geh ich wieder weg."

Ihr erster eigener Beitrag als Wuppertaler Ballettdirektorin ist *Fritz*. „Das war ein kleiner Junge. Aber nur äußerlich. Das hatte wohl am ehesten mit meiner Vergangenheit zu tun. Es hatte was mit Eltern zu tun und mit einer Großmutter. Aus der Sicht eines Kindes, das seltsame Phantasien hat. Vergrößerungen, wie durch die Lupe geguckt." Das Geschlechtsrollen-Diktat, seine Zwänge, seine Fragwürdigkeit, die Auflehnung dagegen – gegen Männlichkeit wie Weiblichkeit! –, das bleibt ein zentrales Thema der Arbeit von Pina Bausch.

1977 wird die Verzweiflung und Auseinandersetzung zwischen Frauen und Männern mit Wucht Hauptthema der Stücke. Auf *Blaubart* folgen *Café Müller* und *Kontakthof*, *Renate wandert aus*. Die Kritiker sprechen zum Teil irritiert, ja schockiert von „Emanzipationsstücken", vom „Kampf", ja vom „Krieg der Geschlechter" auf der Bühne. Pina Bausch sagt nichts dazu. Sie zeigt ihre Stücke.

In den wenigen Interviews, die sie in ihrem Leben gegeben hat, taucht auf die Frage nach ihrem Motor, nach den Motiven ihres Handelns immer wieder ein Satz auf: geliebt werden wollen. „Was tun wir nicht alles, um geliebt zu werden." Das sagt sie auch mir. Und sie wiederholt es später. In Sorge, ich könne es überhören.

Gibt es eigentlich Menschen, mit denen Pina Bausch über ihre Arbeit reden kann? „Nein. Da kann ich mit keinem reden. Über bestimmte Stellen vielleicht, über Einzelheiten … Aber über das Stück … Nein, das kann man nicht." Mit Rolf Borzik, ihrem einstigen Lebensgefährten und Bühnenbildner, musste sie nicht reden. Er verstand ohne Worte. Die beiden lebten und arbeiteten von 1967 bis 1980 zusammen.

„Bei der Bausch", hat mir einmal ein Freund gesagt, „da hast du den genau umgekehrten Fall: Da investiert ein Mann all seine Kraft in das Werk einer Frau." Die Beziehung war fruchtbar. Für beide. Borzik wurde an ihrer Seite zu einem der frappierendsten Bühnenbildner des modernen Theaters. Symbiotisch fühlte er sich ein in die Welt der Pina Bausch, er scherte sich, wie sie, um keine überkommene Regel, ließ die TänzerInnen selbst auf Erde und im knöchelhohen Wasser tanzen. Doch gleichzeitig hat Bausch genau in diesen Jahren – die ja nicht zufällig die 70er waren – auf der Bühne die verzweifeltsten und heftigsten Aussagen über Frauen und Männer gemacht.

1980 stirbt Rolf Borzik. Im Jahre 1981 kommt der Sohn von Pina Bausch und Ronald Kay auf die Welt. Er heißt Rolf Salomon. Ronald Kay wird der neue Lebensgefährte von Pina Bausch.

Den Stücken aus den Jahren 1982 und 1984 fehlt die Wut, fehlt die Dringlichkeit, fehlt die existenzielle Verzweiflung. Sie sind eher harmonisierend. 1985 dann, so schreibt ein Kritiker, „bricht die neue Eiszeit an". In ihrem letzten Stück, in *Ahnen*, allerdings entfaltet Bausch zwar all ihre Komik und all ihre Tragik, wirkt aber zögernd, eigenartig unentschlossen und verschlüsselt. Die mannshohen Kakteen auf der Bühne verstellen viele der simultan passierenden Szenen, die einzelnen Sequenzen bleiben oft verloren stehen, finden keinen Anschluss an das Gesamtgeschehen. So sieht das auch ein Teil der Kritik nach der Premiere in Wuppertal.

Ein paar Wochen später in Paris. Das Théâtre de la Ville vibriert vor Erwartung. Ein ganzes Bausch-Festival rauscht vor den Franzosen ab. Sie lieben Heine. Sie lieben Fassbinder und Syberberg. Und sie lieben „la Bausch". Auch sie ist in ihren Augen so „faszinierend deutsch", so „absolut und tiefgründig", ja, sogar „so terroristisch". Heute wurde *Kontakthof* gezeigt. Gestern war Pause. Da war die Bausch-Gruppe bei der Mnouchkine-Truppe in der Cartoucherie eingeladen. „Es gab ein wunderbares Essen und zum Nachtisch überbordende Torten, wahre Kunstwerke, auf denen detaillierte Figuren und Szenen aus unseren Stücken in Marzipan, Schokolade oder Früchten nachgebildet waren. Sehr liebevoll. Und sehr schön."

Nach dem Theater gehen wir, um Mitternacht, noch in der „Coupole" essen. Die ist ein bisschen größer als die Solinger Gaststätte, aber Pina nicht weniger vertraut. Auf dem Tisch breitet Sohn Rolf Salomon still und vergnügt gleich seine Legosteine aus. Und Ronald Kay, der Intellektuelle, der von weit her Gekommene, der Deutscher und Chilene ist, entzündet ein Wortfeuerwerk.

Pina hört zu. Müde. Aber gelöst und fröhlich. Wir schwatzen bis zwei Uhr nachts. Und wie sie da so vor mir sitzt, inmitten all des Trubels, fällt mir eine Passage aus ihrem letzten Programmheft ein. Da heißt es: „In einer Pause, zwischen zwei Fragen, berichtet Pina Bausch einmal von einem taubstummen Freund, der immer mit einer Postkarte in der Vorstellung sitze und am Vibrieren der Karte feststellen könne, wie laut die Musik sei. Auch wenn man irgendwo in einem Lokal war, wo es ganz laut war und man sich nicht verstehen konnte, konnte man mit ihm reden, auch wenn er ganz weit weg saß: Man musste ihn nur angucken."

Ja. Man muss sie nur angucken.

Erstveröffentlichung in EMMA 7/1987

Inge Meysel, Schauspielerin

Im Herbst 2003 hat sie keine erfreuliche Presse. Sie geistert als verwirrte Alte durch die Schlagzeilen, die eigentlich ins Heim gehörte, aber starrsinnig in ihrem Haus an der Elbe hocken bleibe. Nicht nur das Alter, auch die dunklen Seiten ihres Lebens scheinen Inge Meysel eingeholt zu haben.

Gesehen haben wir uns zum ersten Mal im Frühling 1971, in einer Theatergarderobe in West-Berlin. Ich wollte Inge Meysel, die „Mutter der Nation", dafür gewinnen, das Manifest der 374 Frauen („Ich habe abgetrieben und fordere das Recht für jede Frau!") zu unterschreiben. Das Manifest erschien. Ohne ihre Unterschrift. Sie hatte es sehr ernsthaft erwogen, aber dann doch im letzten Augenblick gezögert. Die Aktion war ihr „zu heikel". Verständlich.

Sieben Jahre später gab sie mir keinen Korb. Als, auf die Initiative von *EMMA* hin, zehn Frauen den *stern* verklagten wegen erniedrigender und menschenunwürdiger Titelbilder, war Inge Meysel dabei. Zwar ließ sie sich beim Prozess von Henri Nannen charmant die Hand küssen, in der Sache aber blieb sie hart. Es war nicht das erste und wohl auch nicht das letzte Mal, dass Inge Meysel engagiert auf die Barrikaden ging. Dass die zarte Person einen Charakter aus Granit hat, ist bekannt. Dass sie nicht immer einfach ist, ebenfalls – aber warum sollte sie auch.

Für das Gespräch fahre ich nach Hannover, wo sie gerade gastiert. Heute ist sie im Hotelbett: eine Grippe, die mit

Tomatensuppe und Gin bekämpft wird. Genauer: Sie residiert im Bett. „Meine Mutter", sagt Inge Meysel, „war ein General." Sie ist auch einer. Zum Umgang mit ihrer Seele gehört ein Samthandschuh, zu dem mit ihrem Dickkopf eine eiserne Faust.

Alice Schwarzer Es wird selten thematisiert, aber Sie sind eine so genannte „Halbjüdin". Ihr Vater ist knapp dem KZ entkommen, und Sie selbst hatten Spielverbot und lebten jahrelang im Versteck. Wenn Sie, so wie gestern Abend in Hannover, vor überwiegend älterem Abonnement-Publikum spielen – ist Ihnen da nicht manchmal komisch zumute? Ist es nicht makaber, heute urdeutsches Idol und einst die verachtete Nicht-Arierin gewesen zu sein?

Inge Meysel Sie sind ein Elefant, Alice! Elefanten vergessen nie. Auch nach 40 Jahren nicht. Ich verzeihe keinem, aber nachtragend – nein, das bin ich nicht. Was ich nicht mehr wissen will, radiere ich aus. Das ist meine Stärke. Es kann ein Mensch nicht alles behalten. Und nicht mit allem leben. Ich verkehre mit keinem, der mir damals begegnet ist. Aber ich kann auch nicht jeden heute fragen: Wann sind Sie geboren? Außerdem: Dieses Land ist nicht nur das Land Hitlers. Es ist auch das Land von Trudchen Meineke. Das war die Sekretärin meines Vaters, die ihn zwei Jahre lang versteckt hat. Unter Lebensgefahr.

Schwarzer Erzählen Sie mir etwas über Ihren Vater.

Meysel Ich bin eine reine Vatertochter! Mit meiner Madka (die Mutter) habe ich viele Krachs gehabt. Er aber war immer für uns da. Julius war nie schwach. Er war zu Hause dominant, weil er der Weisere war, der Klügere. Abend für Abend hat er uns im Schlafzimmer vorgelesen. So habe ich Thomas Mann kennen gelernt, und Heinrich Mann und Werfel und alle. Er hat einfach den Spaß mehr begriffen. Für sie war Erziehung: Die Kinder haben zu machen, was *ich* will. Für meinen Vater war Erziehung: Lass sie doch machen, was *sie* wollen.

Schwarzer Wie kommt es, dass Sie Ihre Eltern beim Vorna-
men genannt haben?

Meysel Vielleicht, weil sie so jung waren. Mein Vater war 18,
als ich auf die Welt kam, meine Mutter war auch 18. Sie war
Dänin, das einzige Mädchen unter den neun Kindern vom
dänischen Peer Hansen. Und ausgerechnet die schwängerte
ein Judenbengel aus Berlin. Dass seine Tochter Margarete
mitgemacht hatte, das kam ihm gar nicht in den Sinn. Als
dann Hochzeit gefeiert wurde, kamen die Papiere nicht
rechtzeitig. Gefeiert wurde trotzdem. Auf Anordnung von
Peer Hansen. So kam ich unehelich zur Welt.

Schwarzer Haben Sie die uneheliche Geburt als Makel
empfunden?

Meysel Erst als ich mit 10 geimpft wurde, erfuhr ich in der
Schule, dass ich unehelich geboren bin. Ich werde das nie
vergessen. Meine Lehrerin, Frau Mierendorf, guckte in mein
Stammbuch und rief mich auf: Ingeborg Hansen. Und dann
sagte ich: Ingeborg Meysel, Hansen ist meine Mutter. Darauf sagte meine Lehrerin: Moment mal ... ah ja, da ist es ja
umgeschrieben ... Mein Vater hatte mich also später adop-
tiert. – Ich nahm das Buch, rannte nach Hause und sagte zu
meiner Mutter (was sie mir nie verziehen hat): Was ist denn
das für eine Schweinerei? Ich bin ja unehelich zur Welt
gekommen! Darauf erklärte mir meine Mutter, dass ich ein
„Kind der Liebe" sei. Später habe ich dann immer zu meinem
fünf Jahre jüngeren Bruder gesagt: Merk dir das gut. Du bist
nur ein Kind des Urlaubs, aber ich bin ein Kind der Liebe! –
Ich hab dann auch gleich alle in der Klasse rasiert. Mit dem
Argument: Ihr seid ja alle Normale, ich bin anormal.

Schwarzer Das haben Sie, glaube ich, beibehalten: aus
Schwächen eine Stärke machen ...?

Meysel Ja. Ich habe immer versucht, aus einem Angriff
einen Gegenangriff zu machen. Auch heute noch.

Schwarzer Wie lebten Ihre Eltern?

185

Meysel Sie waren sehr lebenslustig. Sie gingen leidenschaft-
lich gern ins Theater. Aber auch gern auf die Rennbahn. Ihr
Lieblingstraber hieß Jonny Milz. Und so sollte auch ihr Sohn
heißen. Als ich nun zur Welt kommen sollte, hatte meine
Großmutter Regina, mein Lieblingsmensch überhaupt,
schon vorsorglich ein J aufs Porzellan malen lassen.
Schwarzer Und dann kam Jonny ...?
Meysel Tja, nur eine Kleinigkeit fehlte – la petite différence.
Schwarzer War Ihr Vater ein bewusster Jude?
Meysel Überhaupt nicht. Der wusste noch nicht einmal, wo
die Synagoge stand. Meine Großmutter Regina, die war eine
gläubige Jüdin. Eine Gutentag aus Breslau, erstklassige
Familie. Die ist mit 16 Jahren mit einem 30 Jahre älteren
Mann verheiratet worden, den sie erst bei der Verlobung
kennen gelernt hat. Als der tot war, hat sie in Berlin eine Blu-
senfabrik auf die Beine gestellt. Sie müssen sich vorstellen,
was das in der damaligen Zeit bedeutet hat! Von ihrem
Mann gab es übrigens noch nicht mal ein Foto bei ihr. Das
kann also keine sehr tiefe Liebe von meiner Regina gewesen
sein. – Zu Regina wurde ich alle acht Tage zum Schlafen
gebracht. Mein ganzes Glück war immer bei ihr Matze essen,
Matze mit Gänseschmalz. Und wenn sie sagte: Nein, nicht
die milchige Tasse. Sie war nämlich strenggläubig, man
durfte die Fleischbrühe und die Milch nicht aus ein und derselben Tasse trinken. Mein Weg ist überhaupt gepflastert
gewesen von Frauen. Außer meinem Vater. Der war für mich
alles: Vater, Ehemann, Geliebter, Freund. Einfach alles:
Ibsen und Strindberg und großes Glück. Ansonsten Frauen.
Erstklassige Frauen. Schon in der Schule hatte ich eine
Direktorin! Eine Freie Demokratin. Sie hat in der Schule –
was damals nicht üblich war – deklamatorischen Unterricht
eingeführt. Zweimal in der Woche. Von einem ehemaligen
Schauspieler. Aber als ich dann eines Tages zu meinem Vater
sagte: Ich will zum Theater, sagte der: Du studierst Jura!

186

Schwarzer Sie haben sich dann doch durchgesetzt, sind auf die Schauspielschule von Ilka Grüning, Lieblingsschauspielerin Ihres Vaters und Gefährtin von Lucie Höflich, gegangen. Das war Ende der 20er Jahre in Berlin. War da nicht mächtig was los in der Kultur? Und auch bei den Frauen?

Meysel Emanzipation im heutigen Sinne ist mir damals nicht begegnet. Sicher, Schauspielerinnen waren Göttinnen. Aber Politikerinnen gab es nicht. Es gab nur eine: Rosa Luxemburg. Darum ist die Luxemburg ja so brutal umgebracht worden – weil sie so ein Fremdkörper war. Aber ich kannte nicht eine Frau in leitender Stellung. Auch der Geschäftsführer in der Fabrik meiner Großmutter war ein Mann, die Arbeiter waren Frauen. Allerdings: Eine meiner Schauspielmitschülerinnen war zum Beispiel Brigitte Horney, Beggi. Beggi hatte eine wundervolle Mutter, eine Psychologin (Anm. d. Autorin: die berühmte Psychoanalytikerin und Freud-Kritikerin Karen Horney). Aber darüber, dass wir eine Direktorin hatten, lachten sich die Jungsschulen tot. Die schwingt vielleicht die Peitsche, die ist schlimmer als jeder Direktor – so hieß es.

Schwarzer Dennoch kam Inge, noch bevor sie zum Theater kam, zur Politik.

Meysel Bei uns zu Hause wurden immer drei, vier Zeitungen gelesen. Julius' berühmter Satz war: Man höre nicht eines Mannes Rede, man hör sie reden alle beede. Das hat er auch gemacht, wenn's Krach gab. Dann hat er gesagt: Gretchen, hör mal auf, jetzt wollen wir die Kinder auch mal hören. Dieser Gerechtigkeitssinn ist mir so eingegangen, dass ich mich für Gerechtigkeit umbringen lasse. Darum hasse ich Journaille – nicht Journalisten, für mich ein großer Unterschied.

Schwarzer Und die Politik?

Meysel Mein Vater hat immer Busch rezitiert: Ein jeder Jüngling hat einmal den Hang zum Küchenpersonal. Bei mir ist es meine Tochter. – Er war ein Freier Demokrat und litt unter seiner arbeiterseeligen Tochter, die alle ihre Freundinnen im Arbeitermilieu hatte. Auch bei uns im Hause ging ich lieber in die Küche als in unser Esszimmer in der Beletage. Da war es viel gemütlicher, da wurde diskutiert. Und bei uns kriegte ich immer gleich von meiner Mutter eine Schelle, wenn ich sagte: Du redest ja wieder einen Quatsch, Grete. – Ich war beim Reichsbanner zu Hause, war allerdings bei den Freien Jungdemokraten eingetreten, weil ich zu der SPD-Jugend keine Beziehung hatte. Meine Antrittsrede bei den Freien Jungdemokraten habe ich am Reichskanzlerplatz, im Hintersaal eines Cafés gehalten. Gegen die Todesstrafe. Mit Schwert und Flammen! Da war ich fünfzehn. Und so bin ich geblieben. Ich hasse, damals wie heute: Rache.

Schwarzer Gab es in der Zeit Schwärme, Jugendlieben?

Meysel Für mich war es gar nicht möglich, meine Jungfernschaft zu verlieren. Denn für mich war klar: Bist du mit einem Mann zusammen, kriegst du ein Kind. Und eines wusste ich: Ich wollte kein Kind haben. Ich konnte es mir nicht leisten, einen dicken Bauch zu bekommen. Ich wollte Theater spielen. Männer waren gestrichen, bis 21, dann ist es doch noch passiert. Aber da hatte ich schon längst eine Liebesbeziehung zu einer Frau. Mit einer Kollegin. Tempi passati.

Schwarzer Nach der Schauspielschule bei der Grüning ging das ja dann ganz schnell mit den Engagements ...

Meysel Ja, das war wundervoll. Ich bekam meine ersten Kritiken. Ein Kritiker schrieb: Von diesem Mädchen, das sage ich mit erigiertem Zeigefinger (mit erigiertem Zeigefinger!), wird man noch hören. Und ein anderer schrieb: Dieses Mädchen wird Karriere machen – wenn sie sich nicht eines Tages zu sehr gefallen sollte. Ein Satz, an den ich später oft gedacht habe. Damals habe ich vor lauter Stolz und Freude morgens immer quer über die Straße gerufen: Haben Sie schon die

Kritik in der Abendzeitung gelesen?! Haben Sie sich schon die BZ gekauft?! Quer über die Straße.

Schwarzer Das Glück währte nicht lange. Bald kam das Spielverbot für die Halbjüdin Meysel.

Meysel Also das war ein bisschen anders. Erst feierte ich noch Erfolge im Schauspielhaus Leipzig. Da war Hermine Körner. Die von mir hoch verehrte Hermine Körner. Und die sagte nach einem Auftritt von mir: Ganz Claire! Ganz Claire Waldoff! – Da habe ich laut geweint. Denn ich kannte Claire Waldoff nur dick und rothaarig. Na ja, rothaarig war ich ja auch ... Ich dachte: Die sehen mich alle falsch. Die sehen meine Seele ja gar nicht, meine zarte Seele! Die sehen gar nicht meine traurige Seite. Ich bin doch so tragisch ...

Schwarzer Haben Sie Neigungen zur Melancholie?

Meysel Ja. Aber das hat ja jeder Komiker.

Schwarzer Dann kam 1933.

Meysel Dann kam 1933. Und ich habe wirklich gesagt: Papa, regt euch nicht auf. Das dauert höchstens sechs, sieben Monate ... Am Morgen nach der Machtergreifung, am 1. Februar 1933, wurde in Leipzig Walden abgeholt, ein Schauspielerkollege und Kommunist, von der SA zusammengeschlagen und ins KZ gesteckt. Wir haben ihn nie wiedergesehen. Erst da haben wir begriffen, was los war ... Vier Wochen später erklärten Schauspieler und zwei Schauspielerinnen, sie könnten mit der Halbjüdin Meysel nicht mehr spielen. 1933. In einem Theater, das einwandfrei demokratisch war. Es ging ja alles so rasant schnell.

Schwarzer Und was haben Sie da gemacht?

Meysel Ich ging mit Helmut Rudolph, meinem Lebensgefährten, nach Danzig. In die freie Hansestadt Danzig. Da hatte Hitler noch nichts zu sagen. Aber das Theater war schon der Reichstheaterkammer angeschlossen. Ich kriegte dann Arbeit beim Sender. Als Sprecherin.

Schwarzer Und die Eltern? Und Großmutter Regina Meysel?

Meysel Regina war Gott sei Dank schon 1928 gestorben. Und meine Tante Paula ist 1935 auf freiwillige Art gestorben. Wir hatten eine Zyankalikapsel, die mein Vater besorgt hatte. Mein Bruder wurde eingezogen. Ein großer Blonder. Ein richtiger Reklame-Goi. Erst als er in Frankreich wegen „Tapferkeit vor dem Feind" befördert werden sollte, kriegten die raus, dass er ein „Mischling" war.

Schwarzer Und wieso haben Sie so rasch Spielverbot bekommen?

Meysel Weil meine Mutter 1934 das offizielle Gesuch eingereicht hatte, dass ich als „Tochter einer Dänin und Arierin" und „eines Helden aus dem Ersten Weltkrieg, der im Krieg den Arm verloren und das Eiserne Kreuz erster Klasse bekommen hatte", weiterspielen dürfte. Das war ein schwerer Fehler. Meinem Vater war schon seine Firma „arisiert" worden, so nannte man das. Als ich dann aus Danzig zum Urlaub nach Berlin kam, lag da eine Ladung vor: zur Reichstheaterkammer kommen. Ich bin also hin. Da saß ein junger Mann, der mich kannte. Ich dachte, der wird mir erlauben, weiterzuspielen. Darauf sagte er mir: Tja, eines ist dumm – dass Ihr Vater lebt. Wenn er tot wäre, wäre das einfacher. Darauf habe ich angefangen zu lachen, wirklich, und habe ihm gesagt: Wissen Sie, wir sind eigentlich ganz zufrieden, dass er noch lebt ... Ich habe die Sondererlaubnis nicht gekriegt. – Das alles passierte im obersten Stock. Da gab es so ein wundervolles altes Berliner Treppenhaus, so geschwungen, wo man so runtersehen konnte. Als ich aus dem Zimmer kam, da habe ich wirklich einen Augenblick gedacht: Wenn ich hier springe, bin ich allet los. Und dann habe ich gedacht: Und Papa? Ist das jarnischt? Nein: Hier wird nicht gesprungen!

Schwarzer War das auch demütigend für Sie?

Meysel Demütigend? Nein. Ich war so getroffen, dass ich nur noch die Wut gekriegt habe! Dem Papa wurde dann das

Eiserne Kreuz aberkannt. Er durfte seine Bändchen nicht mehr tragen.

Schwarzer Was das ein Grund, warum Inge Meysel 40 Jahre später das Bundesverdienstkreuz abgelehnt hat?

Meysel Ja. Was so'n Ding wert ist, wenn's drauf ankommt, wusste ich ja: nichts, gar nichts. Außer einer Grabzeile: Träger des Bundesverdienstkreuzes. Und da ich keine Todesanzeige bekomme, sondern als Mutter der Nation in den Himmel einfahre, brauche ich so was nicht. Schon gar nicht von Herrn Carstens.

Schwarzer Wie ging das weiter? Gab es damals schon die Zyankalikapsel?

Meysel Ja. Die hatte ich immer bei mir, im Portemonnaie, das ich am Leib trug. Die Angewohnheit habe ich heute noch. Ich habe immer das Nötigste bei mir, Geld, den Safeschlüssel. Weil ich mir sage: Wenn dir mal was passiert – einen Griff kannst du immer machen. Das ist das Erbe der Nazizeit ...

Schwarzer Inge, immer auf dem Sprung ...

Meysel Ja. Ich hätte mich auch bestimmt schon beim Laufen durchs Rote Meer umgedreht! Ich hätte nachgesehen, wie weit die Welle ist. Und gerufen: Lauft schneller, Freunde! Die Welle kommt!

Schwarzer Und in Hamburg, wo Sie ab 1936 mit Ihrem Lebensgefährten lebten? Kam da die Welle?

Meysel In Hamburg war ich Frau Rudolph für die Leute. Spielen durfte ich nicht. Aber nun wenigstens zuschauen. Heimlich, bei den Proben. Dafür war ich so dankbar. Ich habe in der Zeit seine Rollen immer mitgearbeitet. Ich glaube, ich war seine beste Regisseurin. Ich selbst habe immer zu Hause gespielt, für Cognac. Cognac war mein Drahthaar, aber ein echter. Ihm habe ich alles vorgespielt. Wenn ich traurig war, legte er mir seine Schnauze auf die Knie und sagte: Na, so schlimm ist es auch wieder nicht.

Schwarzer Und was wurde aus den Eltern?

Meysel Die hausten in einer Wohnung in einem Zimmer, und mein Vater hatte nur halbe Essensrationen, so wollten es die Nürnberger Rassengesetze. Aber mein Vater hatte ungeheuer viele Freunde. Die brachten ihm oft heimlich zu essen. Und zu rauchen. Gaben's ab oder legten was vor die Tür. Es ging also gut. 1941 wurde Vater in Berlin dann von der Straße weg verschleppt. Er kam ans Reichspietschufer, wo die Gestapo saß. Da waren lauter jüdische Menschen, die abtransportiert werden sollten. Na, und da ist ein SS-Mann mit einer Konkorde über ihn gestolpert. Es war der berühmte Heydrich persönlich: Warum fehlt dem Mann da ein Arm? An der Somme liegen geblieben, hat mein Vater ganz automatisch geantwortet, ganz wie zu Hause. Da hat der SS-Mann gesagt: Raus mit dem Kerl. Raus, raus. Vater lief nach Hause und sagte sofort zu meiner Mutter: Hier müssen wir verschwinden. Beim nächsten Angriff auf Berlin ist er mit seinem Dackel zu Fuß bis nach Müggelheim gegangen. Da haben ihn seine Ex-Sekretärin, Trudchen Meineke, und ihr Mann in ihrem Keller versteckt. Wenn die erwischt worden wären, wären sie gehenkt worden. Alle. Trudchen Meineke. Der Name ist für mich mit Lettern eingeschrieben in die Geschichte der Helden des deutschen Volkes! – Und während mein Vater da im Keller saß, und Berlin brannte im Bombenhagel, hat er sich gesagt: Mehr. Noch mehr! Lieber alle hops gehen, damit der Spuk endlich ein Ende hat.

Schwarzer Und die Mutter?

Meysel Die ist zur mir nach Hamburg gekommen, wo ich sie mit durchgebracht habe. Sie hat unangemeldet bei mir gelebt, also ohne Lebensmittelkarten. – Am 8. Mai, dem Tag der Kapitulation, habe ich meine Mutter in den Arm genommen und habe gesagt: Grete, von jetzt ab ist es nicht mehr die Gestapo, die morgens um 6 Uhr klingelt. Von jetzt ab ist es der Milchmann.

Schwarzer Und die Zyankalikapsel?

Meysel Die habe ich in die Toilette geschmissen ... Mein Julepa hat dann leider nur noch bis 1950 gelebt. Er ist eigentlich daran gestorben, dass das nicht eingetreten ist, was er erhofft hat: eine endgültige Befreiung. Er ist eigentlich nie darüber weggekommen, was draus geworden ist. So hatte er es sich nicht vorgestellt: dass dieselben Leute wie vorher auf den Pöstchen saßen, dass kaum etwas passierte ...

Schwarzer Und wie war das für Sie?

Meysel Das ist eben meine Kraft. Er ist dran kaputtgegangen. Ich muss bis heute darüber lachen. Das Absurde ist ja auch: Ich bin ja noch nicht einmal eine Jüdin. Wenn ich Regina gewesen wäre, dann hätte das Ganze wenigstens einen Sinn gehabt. Aber ich? Ich sollte ja in der Schule den ersten Preis als evangelische Schülerin bekommen ... Das ist das Dilemma von Mischlingen. Dass sie immer sagen können: Ich bin ja gar kein Neger, kein Jude; meine Mutter ist ja Weiße, ja Arierin. Und ich bin so ein Mischling.

Schwarzer Also hat Inge Meysel nie irgendwo wirklich dazugehört?

Meysel Genau. Ich stehe daneben. Ich stehe immer daneben. Bei vielen Dingen. Nur nicht beim Theaterspielen. Ich wäre in keinem Lande glücklicher geworden als hier. Nur in einer einzigen Stadt, die ich leider erst vor 15 Jahren zum ersten Mal kennen gelernt habe: in New York. Das ist keine Stadt, das sind 30 Städte und 30 Menschenrassen. Ich sage Ihnen: Wenn ich in dieser Stadt 30 Jahre jünger gewesen wäre, hätte ich eine Weltkarriere gemacht!

Schwarzer Na, die deutsche Karriere war und ist ja auch nicht schlecht. Was war eigentlich Ihre liebste Rolle?

Meysel Meine beste Rolle war die in *Der rote Strumpf*. Die Geschichte einer alten Frau, die durchs Leben verrückt geworden und wieder zum Kind geworden ist. Das ist meine beste Rolle in der Darstellung. Weil ich dort wirklich ein

Mensch ohne jegliche Mache sein konnte. Da ist kein falscher Ton.

Schwarzer Hat die Berühmtheit Ihr Leben verändert?

Meysel Zuerst habe ich es genossen. So wie früher, wenn ich über die Straße rief: Haben Sie schon die BZ gekauft?! Und John Olden, mein Mann, mit dem ich ja 19 Jahre zusammen war, hat es auch genossen. Wenn er zum Beispiel im Restaurant einen Tisch bestellt hat, und die Leute sagten bei meinem Anblick: Ach, Sie sind's, Frau Meysel! Und führten uns prompt an einen besseren Tisch, dann sagte John: Siehst du, jetzt bist du berühmt. Und wenn ich ihn fragte: Was sagst du eigentlich, wenn der Portier im Theater immer zu dir sagt: Guten Abend, Herr Meysel? Dann weiß ich wenigstens, antwortete er, dass du was bist. Viel schlimmer wäre, er würde sagen: Sagen Sie mal, Herr Olden, zu wem wollen Sie eigentlich? – Er hatte einen wundervollen Humor. Er hat meinen Ruhm wirklich genossen. Ich gar nicht. Ich habe ihn als selbstverständlich hingenommen. Mir war immer klar, dass ich eines Tages was werde.

Schwarzer Sie haben mit Ihrem 1965 gestorbenen Mann, dem Regisseur John Olden, ja auch sehr viel gearbeitet.

Meysel Und ob! Er war auch mein wichtigster Kritiker. Wir haben da immer so einen Schnack gehabt: So wie man rauf kommt, kommt man runter. Auch wenn es kein Stück von ihm war, kam er auf die Hauptprobe und sagte dann abends zu mir: Das darf doch nicht wahr sein, was du da machst! Nicht so gefühlsbetont. Das Ganze kannste schneller spielen. Mach'n Strich, Inge, mach'n Strich.

Schwarzer Und mit wem redet Inge jetzt über ihre Arbeit?

Meysel Mit ihm! Ich guck nach oben und frage: War's gut so?

Schwarzer Und ... Wie ist es mit den Freunden? Und den Freundinnen?

Meysel Meine Freunde sind überwiegend homosexuelle

194

Männer. Weil sie empfindsamer sind und sensibler. Mit richtigen Männern habe ich ständig Streit.

Schwarzer Und Frauen?

Meysel Mein Verhältnis zu Frauen ist weniger gelassen. Bei Frauen, die mir missfallen, werde ich wütend und böse. Bei Männern ist das anders. Wenn mir da jemand missfällt, sage ich einfach: Das hat doch keinen Zweck mit uns.

Schwarzer Und welche Art von Frauen gefallen Ihnen?

Meysel Frauen, die Frauen bleiben – auch, wenn sie Feministinnen sind. Die, die nicht männlicher sein wollen als die Männer. Dieser Männlichkeitswahn bei Frauen, den mag ich nicht. Diese männlichen Frauen, die haben schon so einen Ton, so einen fordernden Ton. Die gehen sofort in medias res, die dulden gar kein Vorspiel mehr. Das sind die, die sicher auch mit Männern wundervoll umgehen können. Weil sie nämlich den männlichen Ton anschlagen. Warum nur? Das Schönste an Frauen ist ihr Charme, ist ihre Einfühlsamkeit: auf einen Menschen eingehen, aber das Ziel nicht aus den Augen verlieren. Sie, Alice, haben so etwas an sich, wenn Sie so alle Viertelstunde zu mir sagen: Na schön, aber nun kommen wir mal wieder zur Sache …

Schwarzer Was schätzen Sie an Menschen?

Meysel Als Erstes Mutterwitz. Als Zweites absolute Toleranz. Und als Drittes: Zivilcourage.

Schwarzer Und an sich selbst?

Meysel Meinen Jähzorn. Meine Intoleranz. Und, aber auch: meine Zivilcourage. Was auch geschieht: Mein letztes Wort würde immer ein mutiges Wort sein. Und wenn ich darüber kaputtgehen würde.

Schwarzer Haben Sie sich das damals auch gesagt, als Sie 1966 in Berlin den alternden lesbischen Fernsehstar „Sister George" spielten und dafür in Grund und Boden verrissen wurden? Die *Berliner Morgenpost* schrieb über die „hemmungslose Expansion ihrer Mittel". Und alle waren sich einig, es sei ein Skandal. – Oder haben Sie wirklich so schlecht gespielt?

Meysel Ich habe glänzend gespielt!

Schwarzer Und warum der Misserfolg?

Meysel Weil es keiner wissen wollte. Keiner wollte von der Meysel wissen, wie einer Lesbierin im Abstieg zumute ist und welche männliche Wut sie bekommen kann. Diese Sister George ist ja ein alternder TV-Star, sie verliert ihre jüngere Freundin, trinkt, es geht bergab. Zum Schluss bietet man ihr die Rolle einer Kuh auf der Weide an.

Schwarzer Sie haben jüngst für den *stern* bei der Ausstellung „Eva und die Zukunft" vor einem Bild als Ihrem Lieblingsmotiv posiert, das zwei überdimensionale, nackte Frauen wollüstig beim Liebesspiel zeigt.

Meysel Auf dieser Ausstellung sah ich zuerst so ein Ostbild von einer Arbeiterin mit einer Fahne. Irgendwo ein Streik bei den Webern oder so. Sie geht mit der Fahne voran. Und ihr folgen lauter Männer. Da habe ich gesagt: Das könnte ich sein. Aber das Bild ist dann leider nicht genommen worden ... Und dann kam ich zu dem besagten Bild von Gustave Courbet. Da habe ich gesagt: Da ist alles drin, was man sich wünschen kann: Liebe, Zuneigung, Sich-Vergessen, Eintauchen. Und in allem ist jede Frau drin, auch ich. – Da hat die Redakteurin geantwortet: Ist das nicht ein lesbisches Bild? Und da habe ich gesagt: Meine Liebe, Sie verstehn nichts – das ist ein Liebesbild! Das ist ein Liebesakt. Und der könnte zwischen jedem stattfinden. Ganz egal, ob Mann und Frau oder Mann und Mann oder Frau und Frau.

Schwarzer Ihr Kommentar im *stern* zu dem Bild lautete: „Die Liebe zwischen Frauen ist eine Zukunft." – Was meinten Sie damit?

Meysel Ich glaube, dass sehr viele Frauen zuerst aus Enttäuschung durch Männer zu Lesbierinnen werden – dann aber sehr oft merken, dass ihr Zärtlichkeitsbedürfnis durch eine Frau besser ausgefüllt wird. Also, ich glaube, dass viele Frauen, die nicht verbittert werden wollen und sich das Gefühl für die Breite bewahren wollen, dann bewusst lesbisch werden.

Schwarzer Sie sind auf das Klischee der „Mutter der Nation" festgelegt worden. Schließt das Erotik aus?

Meysel Das zu sagen, ist Ihrer nicht würdig! Drei Viertel der Männer in der ganzen Welt nennen nach drei, vier Jahren der Liebesseligkeit ihre Frauen Mutti. Das reizt sie, weil sie doppelt schlafen: mit der Geliebten und der Mutter.

Schwarzer Also keine kränkende Einengung?

Meysel Doch. Die Einengung der Journaille. Denn die Einengung aufs Klischee geschieht eigentlich nie vom Publikum her, sondern immer nur von der Kritik. Wenn man nur mal einen warmen Ton anschlägt, oder einen verzweifelten, oder einen gütigen, oder auch einen bösen, dann verbreitet die Kritik sofort das Schlagwort: Mutter der Nation. – Dabei bin ich doch überhaupt kein mütterlicher Typ. Ich bin aggressiv, ich bin jähzornig, ich gehe für jedes Unrecht auf die Palme und komme da schwer wieder runter. Ich bin politisch eine links orientierte Person, also überhaupt eine kämpferische Natur.

Schwarzer Womit hat das Schlagwort von der Mutter der Nation eigentlich angefangen? Mit den *Unverbesserlichen*?

Meysel Viel früher. Mit dem *Fenster im Flur* im Hebbel-Theater. Da hat der Luft eine Hymne geschrieben. Und der Karsch. Und Ritter. Hymnen. „Das ist nicht eine Mutter, sie hat alle Mütter gespielt." – Das hat zunächst keiner begriffen, der mich kannte. Bis dahin hatte ich immer nur Salondamen oder Charakterrollen gespielt ...

Schwarzer Inge, Sie sind heute berühmt und alt. Ich glaube ...

Meysel Sie sind wohl verrückt! Ich bin doch nicht alt!

197

Schwarzer ... Sie sind berühmt und alt – und beides ist man immer nur in den Augen der anderen.

Meysel Sehr richtig. Sehr gut.

Schwarzer Das ist nicht von mir. Das hat Sartre mir mal gesagt.

Meysel Muss ich mir merken. Ein kluger Mann. Ich vergesse manchmal wirklich mein Alter. Ich nehm's gar nicht zur Kenntnis, um ehrlich zu sein. Aber oft, sehr oft guck ich in den Spiegel. Und ich habe sehr viele Spiegel in meinem Haus. Und diese Spiegel bringen mich zur Raison. Ich guck immer wieder rein und sage: Na, Frau Meysel, so jung sind Se auch nicht mehr.

Schwarzer Als wir den Termin gemacht haben, war das gar nicht so einfach. Erst mussten Sie drehen, in Berlin und London. Dann fuhren Sie nach China. Dann ging's auf Theater-Tournee. Wie sind die Zukunftspläne von Inge Meysel?

Meysel Zukunft? Wenn ich 80 werde, spiele ich noch einmal meine liebste Theaterrolle: Die 80-jährige Maude in *Harold und Maude*. Denn sie ist wie ich, wir haben eines gemeinsam: Wir sind beide Rebellen. – Dafür gibt's leider kein schönes weibliches Wort ...

Erstveröffentlichung in EMMA 1/1987

Margarete Mitscherlich, Psychoanalytikerin

Das erste Mal begegnet bin ich ihr 1975. *Aspekte* hatte Mitscherlich gefragt, ob sie mich, die Autorin vom gerade erschienenen *Kleinen Unterschied*, interviewen wolle. Sie wollte. Wir trafen uns in ihrer Wohnung, in dem Penthouse auf dem unwirtlichen Hochhaus in Frankfurt-Hoechst, einem Krankenschwester-Wohnheim, wo sie damals mit ihrem Mann Alexander wohnte. Er holte mich unten am Aufzug ab und sagte zur Begrüßung: „Hier würde es Ihnen gefallen, Frau Schwarzer." – „Warum?" – „Weil hier nur Frauen wohnen." – Na, das fing ja gut an.

Während Margarete Mitscherlich mich befragte, wurde das Gesicht des *Aspekte*-Redakteurs immer länger: Er hatte sich einen blutigen Verriss der vorlauten Feministin durch die renommierte Psychoanalytikerin erhofft – die aber hörte nicht auf, mir zuzustimmen und zuzuzwinkern. Es wurde eine lebenslange Freundschaft daraus.

Sie ist der anarchistischste Mensch, den ich kenne. Und der unrepressivste. Nie habe ich erlebt, dass sie ihre Macht als Analytikerin ausspielt – dabei hätte sie wahrlich genug Kompetenz dazu. In den letzten Jahren hat man von Margarete Mitscherlich weniger gehört. Das liegt nicht an ihr. Schließlich hat sie als Lehranalytikerin in der Zeit nach den Nationalsozialisten die gesamte deutsche Psychoanalyse geprägt, fast die ganze Disziplin war ja in die Emigration getrieben worden; inklusive ihres Begründers, Sigmund Freud, der von Wien nach London flüchtete.

Von London holte Margarete Mitscherlich in den frühen 50er Jahren die Analyse wieder nach Deutschland und wurde so zur Lehranalytikerin mehrerer AnalytikerInnen-Generationen. Als Autorin war sie zunächst zusammen mit Alexander Mitscherlich (*Die Unfähigkeit zu trauern*) und ab Mitte der 70er Jahre alleine (*Müssen wir hassen?* etc.) eine der prägenden Intellektuellen im Deutschland der zweiten Hälfte des 20. Jahrhunderts. Und sie hat weiterhin viel zu sagen zu hochaktuellen Fragen wie: deutsche Identität, Funktion von Vorbildern, Krieg und Frieden etc.

Unser Gespräch fand 1985, drei Jahre nach dem Tode von Alexander, statt. Ort: der Balkon ihrer Frankfurter Wohnung, schräg gegenüber vom Freud-Institut, in dem sie bis heute analysiert.

Alice Schwarzer Wenn Margarete Mitscherlich-Nielsen sich selber charakterisieren sollte, im Guten wie im Bösen: Wie beschreibt sie sich?

Margarete Mitscherlich-Nielsen Komisch, das Merkwürdige ist, dass ich mich so lange nicht mit mir beschäftigt habe ... Ich weiß wirklich im Moment nicht, was meine typischen Charaktereigenschaften sind.

Schwarzer Es gibt doch sicherlich einige.

Mitscherlich Ich möchte sagen, ein Laissez-faire. Ich lass mir vieles durchgehen, weil ich es einfach nicht schaffe. Und solange ich noch in einer engen Zweierbeziehung lebte, war ich ein sehr eifersüchtiger Mensch. Ich hätte nicht vertragen können, dass Alexander mit anderen Frauen was hatte, wozu er durchaus eine Neigung hatte ...

Schwarzer Mit einer Person wie dir verbindet man doch bestimmte Vorstellungen. Eine Psychoanalytikerin, die ist souverän und gelassen. Du bist das auch, aber nicht nur. Du bist gleichzeitig ein sehr aufbrausender Mensch.

Mitscherlich Ja ja, ich kann sehr aufbrausend sein. Ich habe den getragenen Ernst des Erwachsenseins eigentlich nie so richtig akzeptiert. Gott sei Dank nicht. Eine Zeit lang war das so, als ich die psychoanalytische Ausbildung in der Bundesrepublik leiten musste. Ich habe einfach keine Lust mehr, wenn ich so angepasst sein muss. Ich mag ja auch nur die Menschen, mit denen ich gelegentlich ausflippen kann.

Schwarzer Du bist die bekannteste deutsche Psychoanalytikerin, aber gleichzeitig eine Außenseiterin in der eigenen Branche.

Mitscherlich Ja ja, keine Frage. Aber es ist sehr erleichternd, sehr befreiend auch, immer wieder ein Außenseiter zu sein. Man war ja in den 50er Jahren als Psychoanalytikerin ein Außenseiter der bundesdeutschen Gesellschaft. Aber wenn man dann mehr oder weniger ein Insider wird und zum psychoanalytischen Establishment gehört, das ist schrecklich. Dann muss man sich wieder befreien. Und dabei hat mir unter anderem auch die Frauenbewegung geholfen.

Schwarzer Du bist es gewohnt, das Leben anderer auf der Couch erzählt zu bekommen. Reden wir einmal von dir. Was sind deine wichtigen Prägungen?

Mitscherlich Ich bin an der dänisch-deutschen Grenze in Dänemark geboren. Mein Vater war Arzt. Was die Volkszugehörigkeit betrifft, wie man so schön sagt, fühlte er sich wie seine gesamte Familie seit Jahrhunderten als nationalbewusster Däne. Meine Mutter stammte aus Lütjenburg, in der Nähe von Lübeck, und war eigentlich als nationalbewusste Deutsche erzogen worden, so dass ich zwischen zwei verschiedenen Wertungen stand, was das Nationalbewusstsein betraf. Es war natürlich auch ein Land, das erst nach dem Ersten Weltkrieg wieder dänisch wurde, ein Land, um das sehr viel gekämpft wurde zwischen Deutschen und Dänen und das hin und her ging, mal war's dänisch, mal war's deutsch. Die ganze Kindheit meines Vaters zum Beispiel war sehr dadurch bestimmt worden, dass er als Kind sehr nationalbewusster Dänen in eine deutsche Schule gehen musste. Und ich war geboren worden zu einer Zeit, nämlich 1917, als es noch deutsch war. Erst nach dem Krieg, 1920 war die Abstimmung, kam dieser Teil an Dänemark, weil die Mehrheit für Dänemark optiert hatte.

Schwarzer Und deine Mutter?

Mitscherlich Meine Mutter war eine sehr energische Person. Sie war eine geborene Leopold, der Vater war Pelzhändler, die Mutter eine geborene Freudenthal. Sie waren zwar sehr protestantisch und christlich, aber so ganz klar war es nie, wo beide eigentlich herkamen ... Später, als sie Direktorin einer Höheren-Töchter-Schule wurde, hat sie noch einige Semester studiert, um den entsprechenden Abschluss für die Qualifikation zu bekommen. Aber sie gab den Beruf bei der Eheschließung auf. Meinen Vater hat sie nie so geliebt wie ihren ersten verstorbenen Verlobten – und er wusste das auch. Es war klar, dass meine Mutter der Mittelpunkt in der Familie war. Sie war die Lebendigere, so war mein Gefühl. Sie war die Interessiertere. Sie war eigentlich auch immer zum Lachen aufgelegt.

Schwarzer War sie auch die Intellektuellere?

Mitscherlich Die Sache ist nicht ganz so einfach. Ich habe sie als die Intellektuellere empfunden. Sie las sehr viel, sie war literarisch sehr bewandert. Wenn ich mit ihr durch die Wälder und die Gärten ging, wusste sie jede Blume mit deutschem und lateinischem Namen zu nennen. Sie half meinem Vater in der Praxis, sie half in der Schule aus, sie schmiss ihren Haushalt wie nix, es gab immer sehr gut zu essen, sie konnte fabelhaft kochen. Sie war für mich eigentlich eine allmächtige Frau, das gebe ich gerne zu.

Schwarzer Sie ist fast 100 Jahre alt geworden.

Mitscherlich Ja, 98 ...

Schwarzer Und sie ist ja bis über 90 noch nach Afrika gereist ... Hast du dich von ihr eigentlich anerkannt gefühlt?

Mitscherlich Ich fühlte mich sehr geliebt von ihr, das ist keine Frage. Ich war aber auch unendlich abhängig von ihr. Sie hat mich ja selbst in den ersten schulpflichtigen Jahren unterrichtet. Ich ging erst ab neun Jahren überhaupt zur Schule.

Schwarzer Wieso?

Mitscherlich Ich entschied mich, da ich mich natürlich total mit meiner Mutter identifizierte, für die deutsche Schule. Mein Bruder, der sich viel mehr mit meinem Vater eins fühlte und mit mir in Dauerkonkurrenz lag, ging auf die dänische Schule. Na ja, aber mich schickte sie erstmal auf gar keine. Das war sehr angenehm, da ich sehr viel Freiheit hatte. Ich war gewohnt, aufzustehen und rauszugehen, wann es mir in den Sinn kam. Ich konnte mich auch später nur sehr schwer an den Zwang gewöhnen, das habe ich vielleicht mein Lebtag nicht mehr richtig gelernt. Und ich hatte auch immer irgendwie Krach mit den Lehrern, hatte immer sehr schlechte Betragensnoten. Aber Schwierigkeiten in der Schule hatte ich eigentlich nicht. Ich hatte eigentlich immer gute Zensuren, vor allem in Mathematik galt ich zeitweilig als Leuchte.

Schwarzer Du hast sehr viel über das Deutschsein, über die Identität der Deutschen geschrieben, darunter den berühmten Essay *Die Unfähigkeit zu trauern*. Ist es diese Distanz und der Bruch deines Deutsch-Dänisch-Seins, die es möglich gemacht haben, einen Schritt zurückzutreten und kritisch darauf zu blicken?

Mitscherlich Vermutlich. Ich habe mich zuerst auch sehr mit den Deutschen identifiziert. Ich denke, stärker, bewusster als jemand, der diesen Bruch nicht in der eigenen Familie hat. 1932, mit 14 Jahren, kam ich dann nach Deutschland. Nach Flensburg. Da ging ich zur Schule, weil meine Familie noch Geld in Deutschland hatte, das sie aufgrund der Brüning'schen Gesetze nicht mehr nach Dänemark transferieren konnte. Da bekam mein Deutschtum seinen ersten Dämpfer. Das war doch eine sehr andere Mentalität. Ich hatte zum Beispiel die Neigung, viel zu laufen, ich fiel leicht hin, und wenn ich das tat, dann wurde ich in Deutschland auch noch angefahren und wurde zur Beherrschung meiner selbst ermahnt. Wo hingegen, wenn mir das in Dänemark passierte, ich bemitleidet wurde, mir geholfen wurde. Nur noch Gehorsam und Sauberkeit.

Schwarzer Und die Trennung von der Mutter?

Mitscherlich Die war katastrophal. Ein Jahr lang, das weiß ich, habe ich meine Mutter angefleht, mich doch wieder zurückzunehmen. Aber sie hat immer gesagt – das habe ich ihr auch immer hoch angerechnet – du willst doch studieren, du möchtest doch Abitur machen, und es geht nun mal auch geldlich nicht anders. Ich bin dann tränenüberströmt, wenn ich ein Wochenende zu Hause war, wieder in mein deutsches Gefängnis gegangen. Das hat ungefähr ein Jahr gedauert, und dann bin ich wirklich dadurch selbstständig geworden.

Schwarzer Hat sie nicht gesagt, heirate mal einen netten Mann, oder so?

Mitscherlich Darin war sie ganz klar! Mein Vater sagte immer, mein Gott, warum soll jetzt das ganze Geld da in Deutschland aufgebraucht werden? Dann kriegt sie eben keine Aussteuer! Darüber habe ich immer hohngelacht und gesagt: Nichts ist mir gleichgültiger als Aussteuer! Das war sehr früh, so mit 15 Jahren, ganz klar für mich. Ich habe zu meiner Mutter gesagt: Ich will nicht heiraten. Ich will zwar Kinder haben, das finde ich nämlich sehr schön, aber ich will auf gar keinen Fall heiraten. Und ich hatte innigste Jung-Mädchen-Freundschaften. Mit 13 übernachtete ich manchmal bei meiner besten Freundin, wir schmusten und sagten: So ist das wohl mit Mann und Frau … Es dauerte dann noch lange, bis ich mit einem Mann etwas Ernsthaftes anfing. Erst kam noch diese Deutschlehrerin, die ich über alles liebte, Annie Meez, die uns Philosophie beigebracht hat, Literatur, aber nicht nur alte deutsche Literatur, sondern auch die verpönte Literatur der 20er Jahre. Wir waren begeistert. Sie war mein Idol. Mit Jutta – das war meine liebste Freundin – und noch ein oder zwei anderen Freundinnen schwärmten wir, gingen nachts um ihr Haus rum. Wenn Männer uns ansprachen, haben wir nur verächtlich gesagt, mit Männern sprechen wir nicht. Stattdessen rasten wir um ihr Haus und guckten nach, ob sie noch Licht hatte. Das war die absolute, tiefe Leidenschaft.

Schwarzer Du hast dann in Deutschland studiert und bist dort unter die Nazis gefallen.

Mitscherlich Ich war ja trotz allem bis dahin in Freude mit meiner Mutter identifiziert und in dem Glauben, dass Deutsch, Deutschsein eigentlich viel besser ist als Dänischsein ... Das wurde mir dann allerdings nach 1933, wo ich erstaunt mit angesehen habe, wie die Lehrer sich duckten, gründlich verleidet. Und dann sah ich plötzlich so in meiner Klasse diese BDM-Mädchen, in Uniform und noch geordneter, im Marschschritt – da schien mir alles so maßlos lächerlich. Zuvor aber musste ich in ein Arbeitslager, weil ich als politisch unzuverlässig eingestuft worden war. Da musste man morgens die Fahne hissen und Hitlerlieder singen. Danach kriegte ich dann den Stempel, dass ich in Deutschland studieren durfte. Ich habe dann erst Geschichte, Deutsch, Literatur, Englisch studiert.

Schwarzer Und warum dann Medizin?

Mitscherlich Germanistik war dann auch sehr vom nationalsozialistischen Quatsch geprägt, und Geschichte auch. Mein Vater wollte immer, dass ich Medizin studierte. Ich konnte mit den Dänen jenseits der Grenze offen sprechen, aber mit den Deutschen nicht mehr. Das war ganz klar. Da hörte bei mir der deutsche Nationalismus auf. Auch in Deutschland bin ich in der Zeit nie mit anderen Menschen zusammengekommen als solchen, die zunehmend Hitler hassten. Aber ich habe auch vor Angst gezittert während dieser ganzen Zeit. 1937 habe ich in München die Kristallnacht miterlebt, da wurde mir schon klar, mit was man da konfrontiert ist.

Schwarzer Was wusstet ihr damals?

Mitscherlich Also, wir wussten, dass die Geisteskranken umgebracht werden. Wir wussten, dass Vergasungen stattfanden. Wir haben mal gesehen, wie so ein Lastwagen aus dem KZ kam, da kauerten die ganzen Häftlinge und vorne stand so ein SS-Mann und schwang die Peitsche. Diesen Anblick habe ich nie vergessen. Seit 1939 hörten wir regelmäßig das englische Radio. Dass KZs da waren, dass die Leute misshandelt wurden, dass sie vergast wurden, das alles wussten wir – nur nicht in dem tatsächlichen Ausmaß.

Schwarzer Weil das so unvorstellbar war?

Mitscherlich Ja. Man weiß ja auch, dass die Polen versucht haben, von Auschwitz aus die Engländer zu informieren, und die Engländer das Material erst viel später gebracht haben.

Schwarzer Vermutlich waren die Freundschaften in der Zeit sehr eng und spannungsfrei. Alle Aggressionen gingen ja gegen den Außenfeind.

Mitscherlich Das war klar: Die Bösen waren die Nazis, und die Guten waren die, die gegen die Nazis waren. Und da gab es dann eigentlich gar keinen Unterschied, ob die nun rechts oder links waren. Eines Tages wurde dann klar, dass die Gestapo nach uns suchte. Unsere Wirtin in Heidelberg, deren Mann SA-Mann war, hat uns aber sofort gewarnt und gesagt: „Die Gestapo war da, da hat euch jemand angezeigt, wegen Wehrkraftzersetzung undsoweiter." Ich hatte gar keine Lust zu sterben, überhaupt nicht. Und ich hatte rasende Angst, wenn die anfangen, mich zu verhören, oder mich irgendeiner Folter unterziehen, dass ich meine Freunde verrate oder irgendwas Grässliches mit mir passiert.

Schwarzer Das ist dir dann aber erspart geblieben?

Mitscherlich Die haben mich verhört, uns alle. Aber ich war ja immer noch dänische Staatsangehörige. Ich bin dann ja bald aus Deutschland weggegangen. Erst nach Dänemark, dann in die Schweiz. Ich habe in einigen dieser Durchgangslager mitgeholfen, in Dänemark, aber immer nur vorübergehend. Da kamen ja auch aus dem KZ die ganzen Leute. Da hat man zum ersten Mal wirklich die katastrophale Auswirkung gesehen. Ich meine, wir wussten alle, was passierte, aber nicht in dem Ausmaß.

Schwarzer In der Schweiz hast du dann ziemlich bald Alexander Mitscherlich getroffen.

Mitscherlich Das war 1947.

Schwarzer Alexander war damals ja noch verheiratet. Euer gemeinsames Kind, das 1949 zur Welt kam, war zunächst unehelich. Das war ja damals noch gar nicht so einfach.

Mitscherlich Nein, das war natürlich nicht einfach, das war ganz klar. Du kannst dir ja auch die 50er Jahre noch vorstellen. Wir haben aber eigentlich auch gar nicht an Heirat gedacht, muss ich sagen.

Schwarzer Wie kam die Psychoanalyse dann ins Spiel?

Mitscherlich Die Psychoanalyse interessierte mich schon lange, mein Interesse wurde dann intensiviert durch die Beziehung zu Alexander. Er war schon seit langer Zeit an der Psychoanalyse interessiert.

Schwarzer Du hast damals noch in einer anthroposophischen Klinik gearbeitet.

Mitscherlich Ja. Aber das war nichts für mich, bei aller Bewunderung für die Anthroposophie ... Gleichzeitig war das eben eine religiöse Sekte, das ließ sich einfach nicht verleugnen. Sodass ich da dann meine Zelte abbrach und noch eine Zeit lang in Zürich war, in einer orthopädischen Klinik, wo ich die Medizin sehr „down to earth" lernte, das heißt, als schlicht irdische Wissenschaft. Und dann war ich schwanger.

Um Gottes willen, da konnte ich ja nicht in der moralischen Schweiz bleiben ...

Schwarzer Wie alt warst du da?

Mitscherlich Da war ich 30 Jahre alt. Ich hatte meine erste langjährige Beziehung hinter mir, die blieb in Dänemark. In der Schweiz hatte ich einen ganzen Teil Geld verdient, für 20 Franken kriegte ich 100 Mark, das habe ich alles umgetauscht, habe es in meine Taschen gesteckt, überall. Ich hatte mir einen todschicken weiten Mantel gekauft, und als ich über die Grenze kam, wurde ich reingerufen in so ein Kabuff. Dann hat mir die Beamtin wirklich aus allen Taschen mein Geld rausgeholt. Man durfte ja nur eine kleine Summe mitnehmen. Da habe ich ihr meine Situation erzählt, ich sei schwanger und ich hätte in Deutschland kein Geld – da hat sie mir wieder alles in die Taschen gesteckt. Ich habe eigentlich mit Frauen über all die Jahre vor allem Positives erlebt. Ich kann es nicht anders sagen.

Schwarzer Dein Kind, Thomas, hast du dann am Bodensee bekommen, allein in einer Wohnung ohne Bad und warmes Wasser – aber mit Hilfe einer Freundin. Doch wie ging es dann weiter mit der Psychoanalyse?

Mitscherlich In Stuttgart begann ich eine Eigenanalyse, 1950 bei Vilma Popescu. Sie war eine Rumänin, die nach einigen Jahren nach Kanada ging und in Wien ihre Ausbildung gemacht hatte. Gleichzeitig habe ich am Stuttgarter Institut meine psychotherapeutische Ausbildung begonnen. Ich war einfach prädestiniert dazu, Psychoanalytikerin zu werden. Ich habe mich wirklich, solange ich denken kann, für psychologische Prozesse interessiert, und schon immer über meine Mutter psychologische Gedanken gemacht: Was denkt sie, was fühlt sie eigentlich? Mein erster bewusster Impuls, an den ich mich erinnere, ist: Wie kann ich meine Mutter glücklich machen? Das Gefühl, dass Psychoanalyse wirklich erhellend, aufklärend und eindeutig ist, mir etwas brachte, was mir niemand sonst erklären und zeigen konnte – das Gefühl habe ich richtig erst in London kennen gelernt. Ich machte dort nochmal eine Analyse bei Balint. Da habe ich diese ganze Londoner Atmosphäre kennen gelernt, die ja eigentlich die ursprünglich Wiener Atmosphäre war – Freud und auch fast alle Berliner Analytiker waren ja nach London gegangen. Da habe ich Dinge kapiert, die ich vorher nie kapiert habe, in mir selber und außerhalb von mir selber.

Schwarzer Was bedeutete das konkret?

Mitscherlich Erstens wurde ich ganz anders mit meinen Aggressionen konfrontiert, mit meinen Wiederholungszwängen, meiner Ambivalenz auch meiner geliebten Mutter, meinem Vater gegenüber. Also, was da an innerseelischen Vorgängen zu dem und dem geführt hat und mich so und so hat reagieren lassen, und mich für das und das hat blind werden lassen, nämlich für meine Idealisierungen und Aggressionen insbesondere. Es fiel mir wie Schuppen von den Augen. Es ist schmerzlich und schrecklich, aber ja, so ist es. Und seitdem habe ich natürlich immer wieder neu idealisiert, das gehört ja wohl immer dazu.

Schwarzer Auch Freud?

Mitscherlich Ja. Aber ich bin nach wie vor Freudianerin. Dass Freud etwas zusammenfasste, was hier und da gesehen wurde, aber was nie in einer Theorie und in der Konsequenz, in der Differenzierung in einem alles umfassenden Gebäude zusammengebracht wurde, das bleibt wahr. Was er von den Frauen sagte, das war natürlich auch gesehen mit den Augen seiner Zeit. Freuds Phallozentrismus stand im Einklang mit seiner Kultur. Auf der anderen Seite war er sicher einer der wenigen Männer, der die Hysterie bei den Männern zuerst gesehen hat, weswegen er ja aus der Universität mehr oder weniger ausscheiden musste. Also Freud war jemand, der einerseits natürlich den Phallozentrismus gesehen und mitgemacht hat, andererseits die Weiblichkeitswünsche der

Männer und die Fragwürdigkeit des narzisstischen Phallozentrismus sehr deutlich beschrieben hat. Sicher, seine Theorie vom Penisneid ... Aber er hat natürlich auch den Brustneid gesehen. Er hat gesehen, dass die Frau, was kindliche Abhängigkeit betrifft, die Mächtigere ist.

Schwarzer Aber wie weit hat er auch die realen Machtverhältnisse zwischen Männern und Frauen eingestanden? Der Penisneid zum Beispiel hat ja den ganz realen Hintergrund des Neides auf die Rolle.

Mitscherlich Völlig klar. Aber Freud war allgemeinpolitisch nicht sehr interessiert. Er hat sich psychologisch und medizinisch in eine Außenseiterstellung sondergleichen begeben. Hätte er sich nun auch noch gesellschaftlich und politisch wirklich bewandert und kämpferisch zeigen müssen? Ich glaube in der Tat, das ist zu viel verlangt. Es dauerte eine Zeit lang, bis ich in der Lage war zu sagen: Freud hat mir unendlich viel vermittelt, aber gleichzeitig sehen konnte, dass er, was bestimmte gesellschaftliche Situationen anbetraf, Grenzen hatte. Es dauerte lange, bis ich bereit war zu sagen: Du darfst ja auch was sehen und denken, was er nicht gesehen hat.

Schwarzer Du bist dann nach der psychoanalytischen Ausbildung in London zurück nach Heidelberg gegangen.

Mitscherlich Ende 1954 bin ich zurück, Anfang 1955 habe ich dann Alexander Mitscherlich geheiratet.

Schwarzer Warum habt ihr eigentlich geheiratet? Wo du doch als Mädchen so gegen die Ehe warst.

Mitscherlich Es ist überhaupt keine Frage, dass ich mit einem Teil meines Bewusstseins gegen die Ehe war, mit einem anderen Teil meines Bewusstseins aber mich sehr gerne in eine beruhigte Lage begab, eine sichere, bürgerliche Existenz ... Aber ich bin zunächst dänische Staatsangehörige geblieben und erst Anfang der 60er Jahre deutsche Staatsangehörige geworden.

Schwarzer Du warst in der damaligen Bundesrepublik – wo die Nazis die Tradition der Psychoanalyse zerschlagen hatten – Anfang der 50er Jahre eine der Ersten, die das psychoanalytische Handwerk wieder gelernt hatte.

Mitscherlich Es gab in Berlin eine Gruppe, die auch während des Krieges gearbeitet hatte, im bekannten Göring-Institut. Und ein Teil dieser Gruppe um Müller-Braunschweig herum wurde 1951 von der Internationalen wieder als Deutsche Psychoanalytische Vereinigung anerkannt. Ich habe auch seinerzeit mein endgültiges Examen in Berlin ablegen müssen, um zur Deutschen Psychoanalytischen Vereinigung zu gehören. Aber gleichzeitig bestand in Heidelberg die von Alexander Mitscherlich mit Hilfe der Rockefeller-Stiftung gegründete Psychosomatische Klinik. Ich bin 1951 dazugestoßen und war die erste dieser Gruppe, die in London Analyse gemacht hatte. Ich bin begeistert zurückgekommen, habe gesagt: Ihr versteht ja von nichts etwas! Dort gibt es wirklich *die* Psychoanalyse. Dort ist wirklich das ganz Neue und *die* Wahrheit! Ich habe dann relativ schnell auch die Ausbildung von Psychoanalytikern übernommen, Seminare, Lehranalysen, Kontrollanalysen.

Schwarzer Du warst auch lange die Leiterin des Psychoanalytischen Ausbildungsausschusses in der Bundesrepublik. Das ist ein Ausschuss, der letztendlich darüber befindet, wer wird Analytiker und wer nicht. Du hast später kritisiert, dass die Ausbildung heute sehr formalisiert ist und hierarchisiert.

Mitscherlich In Deutschland war die Ausbildung von Anfang an ein bisschen bürokratischer, typisch deutsch. Da hat man dann auch richtige Examen eingeführt. In England musste man kein Mediziner sein, um Analytiker werden zu können, das war nur in Amerika so. Dagegen hatte schon Freud protestiert. Der hat sich sehr für die Laienanalyse eingesetzt. Auf jeden Fall müssen wir versuchen, diese hierarchische Struktur und die autoritäre Einstellung mancher Psychoanalytiker, kurzum die ganze Art der Ausbildung mehr auf die ursprünglichen Wiener Richtlinien zurückzuführen, das heißt, mehr wirkliche Kollegialität zu praktizieren. Es ist völlig klar, dass die Methode, in der man wirklich seinen freien Assoziationen freien Lauf lässt, immer auch zu einer Regression führt. Dennoch muss in diese Ausbildung eingebaut werden, dass, sobald man aus dieser Situation, die auch in der Lehr-Analyse unweigerlich manchmal entsteht und dann analysiert wird, heraus ist, die übrige Ausbildung auf einer Stufe von Erwachsenen unter Erwachsenen stattfindet.

Schwarzer Ein hierarchisches Verhältnis zwischen Lehrerin und Lehranalysandin wird sich dann ja leicht auch auf das Verhältnis Analytikerin/Patientin verlängern.

Mitscherlich Genau. Das ist die Gefahr. Aber der Analytiker darf auf gar keinen Fall diese Situation missbrauchen! Es geht um die einigermaßen angstfreie Vorbedingung, dass der Patient oder der Analysand regredieren darf, ohne Machtmissbrauch zu fürchten. Das muss er, sonst kann er ja bestimmte Dinge nicht wieder neu beleben und neu erleben.

Schwarzer Du machst jetzt seit über 30 Jahren Analysen. Die Menschen, die zu dir kommen, sind oft verzweifelt. Hast du der Gefahr des Machtmissbrauchs immer widerstehen können?

Mitscherlich Als Analytiker prüft man nicht nur seine Patienten. Sondern man wird auch dauernd von ihnen geprüft, ob man wirklich auf sie eingeht. Man versucht ja zu verstehen und sich einzusetzen. Da hört man eigentlich ganz von selber auf, sich in einer Machtposition zu fühlen. Dass man vom Patienten so erlebt wird, ist klar. Doch auch der Helfende muss sich immer wieder selber analysieren, um demjenigen, der Hilfe braucht, auch das zu geben, wonach er verlangt. Dieses Gefordertsein lässt so ein Triumphgefühl, wie Ich-bin-der-Mächtige und Er-ist-der-Ohnmächtige, eigentlich überhaupt nicht zu. Der Analytiker hat auch Angst vor seinem Patienten. Er hat Angst, ihn nicht entsprechend zu verstehen. Der Patient darf alles sagen, darf seine Kritik hemmungslos äußern. Sofern es reine Projektionen sind, die völlig an der Wirklichkeit vorbeigehen, kann der Analytiker sehr gut damit umgehen. Aber wenn sie sehr nahe an die wirklich schwachen Punkte gehen, und jeder von uns hat doch wirklich schwache Punkte, dann kann es auch sehr schmerzlich werden.

Schwarzer Wie verkraftest du das? Da kommt man doch abends nach Hause und ist bis obenhin voll mit diesen Geschichten.

Mitscherlich Es gibt sehr, sehr kritische Momente, wo man auch große Sorgen hat um die Patienten, und da ist man wirklich bis obenhin voll, wie du sagst. Aber es gibt natürlich auch viele Patienten, wo es alles sehr langsam seinen Lauf nimmt, und wo du eigentlich nicht täglich mit existenziellen Problemen konfrontiert wirst.

Schwarzer Die Zusammenarbeit mit Alexander war sicherlich eine Bereicherung. Aber es war vermutlich auch eine Behinderung. Ihr habt zusammen gearbeitet, zusammen geschrieben, *Die Unfähigkeit zu trauern* zum Beispiel – aber dieses Buch wurde später fast ausschließlich ihm zugeschrieben. Das war sicherlich schwierig für dich.

Mitscherlich Das war es.

Schwarzer Was war dein Part bei dieser Zusammenarbeit?

Mitscherlich Ich habe viel gelesen und ihm dann das, was ich gelesen habe, verkürzt zugeführt. Er hatte eine gewisse Art, sehr frei assoziativ zu arbeiten, es war dann meine Sache, den roten Faden hineinzubringen. Ich habe Literatur beigebracht, Ideen, eigene Erfahrungen. Er war ein sehr anregender Mensch. Aber er kam natürlich gar nicht auf die Idee, für mich was zu lesen oder zu machen. Und er war auch nur ungern bereit, wenn ich was geschrieben hatte, das durchzulesen. Und wir haben oft gestritten miteinander. Ich war mehr individual-psychoanalytisch eingestellt als er. Er war mehr auf Sozialpsychologie eingestellt. Ich habe mehr Leute ausgebildet, ich habe mehr Lehranalysen gemacht. Ich habe auch mehr Patienten gesehen als er. Er hat die ganzen Aufgaben, die mit einer Klinikleitung verbunden waren, wahrgenommen. Später in Frankfurt beim Freud-Institut war das genauso.

Schwarzer Mit *Müssen wir hassen?* bist du dann 1972 erstmals als Theoretikerin ins Bewusstsein der Öffentlichkeit getreten. Du hast mal gesagt: Ich durfte klinisch gut sein und andere kreativ machen, aber in dem Moment, wo ich das selber war, da zog ich auch Aggressionen auf mich ...

Mitscherlich Sehr starke sogar.

Schwarzer Dein Widerstand begann ja nicht zufällig Anfang der 70er Jahre. Du warst zu der Zeit ein Jahr in Amerika, bist da sicherlich auch mit der amerikanischen Frauenbewegung konfrontiert worden ...

Mitscherlich Natürlich! Da war ich dann mit anderen amerikanischen Frauen, die ihre Wut auch ganz anders äußern und formulieren und durchsetzen konnten, zusammen. Ich dachte: Zum Teufel, die Frauen, die können tun, was sie wollen, die können arbeiten und die können Ideen hervorbringen etc., und dennoch kriegen sie nie die entsprechende Anerkennung – aber es lag eigentlich an mir, ich hätte mich nur durchsetzen müssen. Es war nur so selbstverständlich, dass er die Hauptperson war. Es war so selbstverständlich ...

Schwarzer 1977 hast du dann in der ersten *EMMA* bekannt: „Ich bin Feministin" – ein Satz, den dir viele deiner Kollegen sehr übel genommen haben.

Mitscherlich Das war mir irgendwo schon lange klar! Und es war natürlich für mich auch eine Gelegenheit, das gebe ich zu, das endlich mal auf den Tisch zu knallen. Das habe ich dem Alexander, dem das schon zu viel wurde, immer gesagt: Mensch, du hast mich doch auch immer wieder aufmerksam gemacht auf die Ungerechtigkeiten der gesellschaftlichen Situation! Du hast zwar nicht unbedingt auf die Ungerechtigkeit der Situation der Frauen aufmerksam gemacht, aber sonst. Schon die Studentenrevolte war für mich eine sehr interessante Bewegung. Nur die Art und Weise, wie sie dann drohend und narzisstisch und patriarchalisch mit diesen Erkenntnissen umgingen, das hat mich furchtbar wütend gemacht. Und als dann die Frauen diesen eitlen Männern auch innerhalb der sonst so fortschrittlichen Studentenbewegung eins vor die Brust gaben und die mit Tomaten bewarfen und sagten: Was macht ihr eigentlich, einerseits stellt ihr an die Gesellschaft Anforderungen, nicht hierarchisch, patriarchalisch etc. zu sein, und ihr selbst seid es uns gegenüber – das hat mir natürlich enormen Mut gegeben. Da konnte ich auch endlich, endlich all das, was ich untergründig schon lange gedacht und gefühlt habe, zu Ende denken und – schreiben.

Schwarzer Die richtige Hatz gegen dich als Psychoanalytikerin ging ja erst nach dem Tod von Alexander Mitscherlich, ging erst 1982 los.

Mitscherlich Ja, das war schon schlimm nach seinem Tode, wie da gegen mich angegangen wurde. Anstatt nun endlich den Mund zu halten, nachdem der Mann nicht mehr da ist, dem gegenüber natürlich auch viele untergründige Ressentiments bestanden. Viele dieser untergründigen Ressentiments wurden auf mich verschoben, nachdem ich mich nicht in den erhofften Rückzug begab als trauernde Witwe. Das hatte ich auch schon vorher und in den letzten Jahren der Krankheit von Alexander nicht getan: Nur ich war trotzdem in der Öffentlichkeit immer noch die Frau von Alexander Mitscherlich. Darum war für mich auch die ganze Frauenbewegung eine enorme Befreiung. Ich lernte wirklich die Verantwortung für mich selbst völlig zu übernehmen. Fast alle Wertvorstellungen heute sind ja patriarchalischer Natur.

Und die Frauen akzeptieren sie und identifizieren sich damit. Auch vieles, was als „typisch weiblicher Wert" angesehen wird, ist von Männern gemacht und hat eigentlich mit Frauen und deren eigenem Selbstverständnis, wenn sie wirklich aufrichtig mit sich umgehen, sehr wenig zu tun. Also, ich glaube, da ist der Anfang, dass man sich selbstständig macht vom Denken der Männer.

Schwarzer Dass man drauf pfeift, ob man anerkannt wird als Frau?

Mitscherlich Ja. Es ist natürlich sehr schwer. Das Pfeifen auf alles ist häufig eine Abwehrstellung. Dann pfeifst du auf alles, hast es aber nicht durchdacht. Und dann kommt das, was man sehr häufig sagt, dass dann Frauen sich plötzlich wie Männer verhalten. Und genau die gleichen Dummheiten und Einschränkungen und Grausamkeiten und was weiß ich begehen wie Männer. Sie müssen sich wirklich überlegen: Was willst du als Frau tun, mit welchen Wertvorstellungen kannst du dich einverstanden erklären, mit welchen nicht. Aber sie müssen eigenständig sein. Natürlich wird man versuchen, sich das Wissen anzueignen, das Männer haben. Es sich so weit wie möglich zu Eigen zu machen und wahrzunehmen, wie geht es eigentlich zu in dieser Welt. Aber kritisch, mit Hilfe von eigenen Erfahrungen.

Schwarzer Hat die Psychoanalyse dich auch für dein Leben gestärkt?

Mitscherlich Ich muss schon sagen, dass ich sehr viel profitiert habe. Ich konnte meine Grenzen erweitern mit Hilfe der Psychoanalyse, auch mit Hilfe zahlreicher Patienten, die mir immer Neues beigebracht haben, was mir aus meinem eigenen Erleben nicht bewusst war. Ich weiß zum Beispiel, dass ich zu bestimmten Ängsten oder so keinen Grund habe, oder dass die da und da herstammen – und eines Tages waren viele Ängste mehr oder weniger verschwunden.

Schwarzer Es braucht seine Zeit ...

Mitscherlich ... und manchmal verschwindet es nie. Man kann bestimmte Einsichten haben, aber deswegen verschwinden bestimmte Symptome noch lange nicht. Ich bin heute sehr viel toleranter mit mir ...

Erstveröffentlichung in EMMA 7/1985

Simone de Beauvoir (1908-1986), Schriftstellerin und Philosophin

Ich bin oft gefragt worden, ob Simone de Beauvoir mein Vorbild war. Natürlich ist sie das! Aber nicht im Sinne eines adorierten Idols, sondern im Sinne von lebendiger Herausforderung und Ermutigung. Es ist einer der großen Glücksfälle meines Lebens, dass wir uns nicht nur begegnet sind, nicht nur zusammen gearbeitet haben – sondern wirklich befreundet waren, von 1971 bis zu ihrem Tod.

Interessant für mich war dabei zu beobachten, dass ich erst nach Bestehen des „Sartre-Tests" – das heißt, als klar war, dass auch Sartre mich mochte – zum wirklich engeren Kreis um Beauvoir und Sartre zählte: am Rand der Familie, diesem knappen Dutzend Menschen, die seit Jahrzehnten die feste Entourage von Beauvoir und Sartre bildeten.

Simone de Beauvoir und Jean-Paul Sartre verband eine lebenslange, symbiotische, geschwisterliche Beziehung. Sie schien seinen Tod 1980 zunächst nicht zu überstehen, überlebte ihn dann aber noch um sechs Jahre und starb überraschend am 14. April 1986.

Ich habe viel von den beiden gelernt. Aus ihren Büchern. Aber ebenso viel aus ihrem Leben.

Das erste Mal traf ich sie im Mai 1970. Es war eine eher reservierte Begegnung. Ihrerseits. Und eine zufällige. Denn eigentlich war ich wegen Sartre da.

Es war die Zeit des so genannten Pariser „Mini-Mai" im

Jahre 1970. In dieser Zeit war ich freie Korrespondentin in Paris und zu einem Interview mit Jean-Paul Sartre zur Frage der „revolutionären Gewalt" verabredet: Hat man das Recht zum Widerstand, und wenn ja, wie weit darf die „Gegengewalt" gehen?

Da saß ich nun in seiner Ein-Zimmer-Wohnung am Boulevard Raspail. Interviewzeit 30 Minuten. Kurz vor Ende des Gesprächs dreht jemand den Schlüssel im Schloss und betritt die Wohnung: Simone de Beauvoir. Sie wirft einen kurzen, irritierten Blick auf mich (und meinen Minirock), erinnert Sartre knapp, fast schroff daran, dass sie beide gleich eine Pressekonferenz hätten. Dann setzt sie sich wartend an Sartres Schreibtisch im Hintergrund des Zimmers.

Ich spüre ihre Verärgerung über die Verzögerung und werde verlegen. Erstmals lerne ich Beauvoirs „Tête-de-chameau" (wörtlich übersetzt: Kamelkopf) kennen, das heißt ihre berüchtigte abweisende Miene, wenn ihr Situationen oder Menschen nicht passen. Sie ist, das begreife ich später, ein sehr absoluter Mensch. Kehrseite der Medaille: Wen sie einmal ins Herz geschlossen hat, der ist auch nur schwer wieder daraus zu entfernen. Nach dem Interview fahren wir zu dritt in dem engen Aufzug in Sartres Haus nach unten. Meine zaghaften Konversationsversuche lässt sie barsch abprallen.

Macht nichts. Für mich war es dennoch eine wirklich bewegende Begegnung: eine Begegnung mit der Autorin des Buches *Das andere Geschlecht*, dieses „Leuchtfeuers, das Simone de Beauvoir für die Frauen des Jahrhunderts als Orientierung angezündet hat", wie einmal eine Journalistin schrieb – und das ist keinesfalls zu viel gesagt. Denn in der Nacht, die vor der Existenz der Neuen Frauenbewegung herrschte, war *Das andere Geschlecht* so etwas wie ein Geheimcode, den wir erwachenden Frauen einander weitergaben. Und Simone de Beauvoir selbst war ein Symbol: ein Symbol für die Möglichkeit, trotz allem ein ganzes Stück selbstbestimmt und frei von Konventionen und Zwängen zu leben, auch als Frau.

Wenige Monate nach meiner Begegnung mit Beauvoir meldeten sich in Paris Feministinnen öffentlich zu Wort. Es taten sich die ersten Frauengruppen zusammen, im September stieß ich dazu, im Frühling 1971 waren wir zum „Mouvement de la libération des femmes" (MLF) gewachsen und lancierten eine spektakuläre Kampagne gegen das Abtreibungsverbot. 343 Frauen, darunter etliche bekannte, erklärten öffentlich: „Ich habe abgetrieben, und ich fordere dieses Recht für jede Frau!" Simone de Beauvoir war dabei.

Noch wenige Monate zuvor hatte die erste Kollektiv-Publikation französischer Feministinnen (*L'an zéro*) nichts Eiligeres zu tun gehabt, als Simone de Beauvoir zu kritisieren: Sartre-fixiert sei sie, und außerdem schreibe sie in einem Männerblatt (*Les Temps Modernes*). „Darüber habe ich mich schon geärgert", erinnerte Beauvoir sich noch Jahre später. Gleichzeitig aber suchten einige Feministinnen sie auf, baten sie mitzumachen. Und sie sagte Ja, ganz selbstverständlich, ohne jede Einschränkung. Dass sie das tat, war für uns Aktivistinnen nicht nur Unterstützung, es war auch Bestätigung.

In all den Jahren danach hat sie uns, den jungen Feministinnen, mit denen sie politisch zusammenarbeitete und denen sie menschlich vertraute, nie etwas abgeschlagen. So wie Sartre für einen Teil der neuen Linken zum Compagnon de Route geworden war, so wurde nun auch Beauvoir für eine Strömung der Frauenbewegung, für die Gleichheitsfeministinnen bzw. Universalistinnen, zur Wegbegleiterin.

Sie erschien zu den Arbeitstreffen immer sehr pünktlich (wenig hasst sie so sehr wie Unpünktlichkeit), hatte keine Zeit zu verlieren, war in den Diskussionen von scharfer Klarheit und mitreißender Respektlosigkeit (nichts war ihr zu radikal). Doch in ihrem Auftritt oft überraschend wohlerzogen: die Art, wie sie ihre Handtasche auf den Knien umklammert halten konnte ...

Es war eine Zeit des Aufbruchs, alles schien möglich, die politische Arbeit war wie ein Rausch, der unser ganzes Leben erfasste. Abende, ausgefüllt mit Treffen, Gesprächen, Essen, Aktionen. „Les bouffes" mit „Simone" wurden bald zur lieben Gewohnheit. Alle paar Wochen wurde reihum gekocht, allerdings nie bei ihr: Sie hasste es zu kochen. Sechs bis acht Frauen waren wir meistens, gevöllert wurde, getrunken und gelacht – und Pläne wurden geschmiedet.

Bei einem dieser Bouffes entstand die Idee meines ersten Interviews mit Beauvoir. Wir fanden es wichtig, dass die „Bekehrung" der frühen Theoretikerin zum aktiven Feminismus öffentlich bekannt wurde, denn bei Erscheinen ihres Buches *Das andere Geschlecht* hatte sie sich ja vom Feminismus distanziert, hatte immer wieder erklärt, sie glaube an „eine automatische Lösung der Frauenfrage innerhalb des Sozialismus". Es wurde ein Interview, das Geschichte machte. Es erschien Anfang 1972 im *Nouvel Observateur*, also zu einer Zeit, in der die beginnenden Frauenbewegungen in allen westlichen Ländern in einem zäh-legitimatorischen Clinch mit den Linken, aus deren Reihen sie zum Teil kamen, lagen. „Ich bin Feministin!", erklärte Simone de Beauvoir nun öffentlich und bekannte sich damit zu der Notwendigkeit einer autonomen Frauenbewegung. Gleichzeitig kritisierte sie die „Genossen" in den kapitalistischen wie in den sozialistischen Ländern. Das Gespräch wurde in viele Sprachen übersetzt, bis hin ins Japanische, und kursierte in so mancher Frauengruppe als Raubdruck.

Ein Jahr später, 1973, entstand der Plan eines Fernsehporträts von Beauvoir, das ich als freie Korrespondentin für den NDR realisierte. Die Dreharbeiten in Paris und Rom machten Beauvoir Spaß, denn das Medium interessiert sie: Sie ist eine passionierte Kinogängerin.

Diese Tage in Rom waren der Beginn unserer Freundschaft, über die politische Arbeit hinaus. Ich erinnere mich vor allem an die langen Abende auf den Terrassen, an denen Beauvoir, Sartre und ich Gott und die Welt durch den Kakao zogen: Uns drei verband unter anderem die Lust am Tratsch ...

Aus einem Interview wurden fünf, geführt in den Jahren zwischen 1972 und 1982. Bei diesen Gesprächen lösten vor allem Beauvoirs Aussagen zur Frage der Mutterschaft wahre Proteststürme aus (ganz wie beim Erscheinen des *Anderen Geschlechts*, wo das Kapitel Liebe, Homosexualität und Mutterschaft tumultartige Reaktionen ausgelöst hatte). Sogar an ihre Pariser Privatadresse schrieben ihr die Frauen aus aller Welt: Sie habe etwas gegen Mütter, sie sei wohl frustriert, sie solle doch das Kind nicht mit dem Bade ausschütten ...

Wie oft eigentlich hat Beauvoir in ihrem Leben auf die Frage antworten müssen, ob ihr als Nicht-Mutter nicht doch etwas Entscheidendes fehle ...? Hat man jemals Sartre gefragt, ob er sich trotz seiner fehlenden Vaterschaft als vollständiger Mensch fühle? Bei einigen ihrer Statements zum Thema Mutterschaft scheint darum eine gewisse Gereiztheit durch, aber auch der heilige Zorn über die Tendenz zum Selbstbetrug der Frauen.

Was aber sagte Simone de Beauvoir wirklich zur Mutterschaft? Dass sich aus der Fähigkeit zur biologischen Mutterschaft (zum Gebären) nicht zwangsläufig die Verpflichtung zur sozialen Mutterschaft (zum Aufziehen) ergebe. Dass die Mutterschaft an sich kein kreativer Akt sei. Dass die Mutterschaft keine Lebensaufgabe für eine Frau sei. Dass die Mutterschaft Frauen unter den heutigen Bedingungen oft zu wahren Sklavinnen mache, sie an Haus und Rolle binde. Dass es darum um die Aufkündigung dieser Art von Mutterschaft, das heißt der Arbeitsteilung zwischen Frauen und

Männern gehen müsse. Beauvoir: „Im Namen der Liebe werden Frauen ausgebeutet und – lassen sie sich ausbeuten."

*

Simone de Beauvoir selbst wirkte nicht nur mit ihrem Werk, sondern auch mit ihrem Leben. Sie ist das Symbol der emanzipierten, intellektuellen Frau des 20. Jahrhunderts und gehört zu der Anfang des Jahrhunderts geborenen ersten Generation von Frauen, die, zumindest theoretisch, einen uneingeschränkten Zugang zu Bildung und Beruf hatten: Frauen wie die Philosophin Hannah Arendt, die Schriftstellerin Mary McCarthy oder die Anthropologin Margaret Mead. Diese Pionierinnen waren stolze, selbstbewusste Frauen, die die Frauenfrage für erledigt hielten und sich selbst keineswegs in erster Linie als „Frauen" verstanden, sondern ganz einfach als Menschen. So schrieb Simone de Beauvoir im Rückblick über sich selbst: „Ich hielt mich nicht für eine ›Frau‹, ich war ich."

Es dauerte Jahre, ja Jahrzehnte, bis diese Pionierinnen sich ihrer Grenzen bewusst wurden, ihrer Grenzen als Frauen. Auch Simone de Beauvoir. Schließlich war die intelligente, unkonventionelle Philosophie-Professorin die (geschlechterübergreifend) jüngste Absolventin der Pariser Elite-Hochschule Ecole Normale gewesen und im Kreis ihrer Kollegen durchaus anerkannt – allen voran von Jean-Paul Sartre, der ihr lebenslanger Gefährte, ja „Zwilling" wurde. Doch als die später weltberühmte Schriftstellerin Beauvoir bei dem Pariser Verlag Gallimard, wo Sartre bereits *Der Ekel* veröffentlicht hatte, 1937 ihre ersten Erzählungen einreichte, wurden diese mit der Begründung abgelehnt, die Texte seien „unpassend für eine Frau". Heutzutage wäre eine solche Argumentation wohl schwer denkbar, sie würde eher lauten: „Dieser Text wäre passender für unsere Frauenreihe." Doch als Frau ausgeschlossen sein oder ins

Frausein eingeschlossen sein – kommt das nicht letztendlich auf das Gleiche raus?

„Anfänglich hatte ich geglaubt, schnell damit fertig zu werden", schreibt Simone de Beauvoir in ihrem 1949 erschienenen Jahrhundertwerk *Das andere Geschlecht*. „Ich hatte nie an Minderwertigkeitskomplexen gelitten, niemand hatte zu mir gesagt: Sie denken so, weil Sie eine Frau sind. Dass ich eine Frau bin, hatte mich in keiner Weise behindert. ›Für mich‹, sagte ich zu Sartre, ›hat das sozusagen keine Rolle gespielt.‹ – ›Trotzdem sind Sie nicht so erzogen worden wie ein Junge: Das muss man genauer untersuchen!‹", antwortete Sartre. Beauvoir machte sich ans Werk: „Ich untersuchte es genauer und machte eine Entdeckung: Diese Welt ist eine Männerwelt."

Was Beauvoir, wie verständlicherweise so viele Frauen, emotional verdrängt hatte – nämlich ihre Nichtwahrnehmung als Subjekt und ihre Reduzierung zum Objekt –, das hatte sich bei ihren Studien in der Bibliothèque nationale ihrem scharfen Intellekt und ihrer unbeugsamen Logik nicht länger verschließen können – und sie hatte es ja auch eigentlich schon längst gewusst, aber wieder verdrängt. Diese Welt war und ist seit Jahrtausenden eine männerbeherrschte Welt; und der Aufbruch der Frauen vom Rand dieser Welt in ihr Zentrum ist ein langer, beschwerlicher, immer wieder unterbrochener Weg.

Jetzt erkannte es auch die Privilegierte: Unleugbar spielt es, unabhängig von Bildung, Klassenzugehörigkeit oder Hautfarbe, für jede Frau in jeder Sekunde ihres Lebens eine Rolle, dass sie eine Frau ist – ob sie will oder nicht; und für jeden Mann, dass er ein Mann ist. Er macht das Gesetz, sie hat sich zu fügen. Er ist die Norm, sie die Abweichung. Er ist der Eine, sie die Andere.

Mitte des 20. Jahrhunderts veröffentlichte Simone de Beauvoir nach ihrem ersten, viel beachteten Roman (*Sie kam und blieb*) ihr umfassendes theoretisches Werk *Das andere Geschlecht* – und prägt damit bis heute das Denken, auch derer, die sich dessen gar nicht bewusst sind. Das Buch veränderte das Leben von Millionen Frauen (und Männern), es ist das Fundament, auf dem die Neuen Frauenbewegungen stehen. Ohne dieses Buch hätten sich die Feministinnen des ausgehenden 20. Jahrhunderts mühsam Schritt für Schritt erobern müssen, was diese eine Pionierin in Siebenmeilenstiefeln abgemessen hat.

Ich selbst gehöre zu der Generation, für die die ferne Existenz einer Simone de Beauvoir eine unerhörte Herausforderung und Ermutigung war. Da war nicht nur ihr Werk – die Romane, Essays, Reportagen –, da war auch ihr Leben: eine Intellektuelle, die sich widerständig und beachtet in die politischen Debatten ihrer Zeit einmischte; eine Frau, die mit ihrem Weggefährten unverheiratet, in getrennten Wohnungen und in „freier Liebe" lebte; eine Schriftstellerin, die kreativ, erfolgreich – und begehrenswert war. Kurzum: eine ganz und gar unerhörte Erscheinung!

So war es eine Freude und Bereicherung für mich, als ich ihr in den 70er Jahren begegnete und eine der Frauen wurde, mit denen zusammen sie sich in der feministischen Arbeit engagierte. Schließlich wurde daraus sogar eine persönliche Freundschaft. Diese politische und menschliche Nähe erklärt den so offenen Ton der als spröde und zurückhaltend bekannten Beauvoir in den Interviews mit mir.

Doch selbst in diesen Gesprächen hat sie, ganz wie in ihren Memoiren, nicht immer die volle Wahrheit gesagt. Verständlicherweise. Nicht alles geht die Öffentlichkeit an. Allerdings hat Beauvoir selbst diese volle Wahrheit via Nachlass posthum mitgeteilt.

Einige Jahre vor ihrem Tod 1986 hatte ich Simone de Beauvoir gefragt, ob es etwas gäbe, was sie als Autorin heute anders machen würde. „Ja, ich wäre ehrlicher", hat sie geantwortet. „Ich habe nicht alles gesagt über meine Sexualität."Sie meinte damit wohl vor allem ihre Bisexualität. Sie hat auch nicht alles gesagt über den Preis ihrer „freien Liebe". Denn natürlich war der Pakt einer Hauptbeziehung mit Sartre – bei gleichzeitigen Nebenbeziehungen mit Dritten – schwerer für die Frau, die Liebe und Sexualität nicht so leicht trennen konnte und wollte. Und vermutlich hat sie sich, bewusst oder unbewusst, auch darum lebenslang auf keine wirklich ernst zu nehmende Beziehung neben Sartre eingelassen. Der Einzige, der Sartres Platz hätte gefährden können, war Nelson Algren: Ihn hat sie darum verlassen. Aber ihrer Liebe zu Frauen hat Beauvoir systematisch durch ungleiche, ihr nicht gewachsene Freundinnen keine Chance gegeben.

Beauvoir äußerte sich zwar schon im *Anderen Geschlecht* mit einer für die Zeit unerhörten Tabulosigkeit dazu, aber politisch konnte sie es erst in den frauenbewegten 70er Jahren, in der Zeit der Gespräche mit mir, zu Ende denken. Frauenliebe, das war für Simone de Beauvoir Verlockung und Gefahr zugleich. Sie wusste, dass sie ihren Anspruch auf Ganzheitlichkeit nur mit der Unterstützung eines Mannes würde realisieren können. Ist vielleicht das der eigentliche Grund für ihren lebenslangen Pakt mit Sartre, ihrem „männlichen Zwilling"? Und hat Beauvoir dafür vielleicht einen zu hohen Preis bezahlt?

So zumindest sieht es das englische Philosophenpaar Kate und Edward Fullbrook. Sie stellten nach Erscheinen von Beauvoirs Briefen an Sartre die minutiös belegte These auf, Beauvoir sei nicht, wie immer behauptet, die „Schülerin Sartres", sondern es sei genau umgekehrt: Sie sei die eigentliche Schöpferin des französischen Existenzialismus und Sartre ihr „Plagiator". Doch auch Beauvoir selbst habe lebenslang versucht, das zu vertuschen.

Die Fullbrooks beschreiben in ihrem Buch *The Remaking of a Twentieth Century Legend*, wie Beauvoir das philosophische Konzept des „Anderen", der „Entfremdung" und der „Transzendenz" in ihren literarischen Text *Sie kam und blieb* (1943) einflocht – und sie belegen anhand der Tagebücher von Beauvoir und Sartre, dass *sie* noch vor ihm die Mutter des Gedankens war.

War es also die unausgesprochene Bedingung dieses Paktes zwischen einer Frau und einem Mann, dass sie nicht nur alles mit ihm teilte, sondern ihm ganze Teile ihres Lebens und Denkens abtrat – von den Geliebten bis zu den Erkenntnissen? Und ist es vielleicht überhaupt so, dass Frauen, denen Männer die Gnade der Gleichheit gewähren, sich diese erkaufen müssen – durch Zuarbeit?

Hatte die junge Simone de Beauvoir also den brillanten Jean-Paul Sartre vor allem gewählt, um an seiner Seite Zugang zu der ihr als Frau verschlossenen Welt zu haben? Und durfte gerade sie genau darum die Symbiose auf keinen Fall gefährden? War die „Osmose" mit Sartre Beauvoirs Art, sich die männliche Welt zu erschließen? War Sartre also für sie auch eine Art Medium, über das sie, die Frau, „männlich" denken und handeln konnte? Also viel mehr als ein Gegenüber – nämlich die ihr, der Anderen, verweigerte „eine" Hälfte? Es ist wahrscheinlich, dass die bedeutendste Intellektuelle des 20. Jahrhunderts ohne diesen Mann an ihrer Seite nie die hätte werden können, die sie geworden ist. Jedoch: Sie wäre ohne ihn auch nicht Gefahr gelaufen, in seinem Schatten zur relativen Frau, zur „Anderen" degradiert zu werden.

Als das posthume Erscheinen der Beauvoir-Briefe 1990, vier Jahre nach ihrem Tod, enthüllt, dass der „reizende Biber" (charmant castor, wie Sartre sie nennt) seinem „geliebten kleinen Geschöpf" (wie sie ihn vorzugsweise anspricht) die Liaisons mit Frauen meist als „lästig" und unbedeutend dargestellt hat, ist eine ihrer frühen Geliebten, Bianca Bienenfeld, so verletzt, dass sie, ein halbes Jahrhundert später, zur Abrechnung schritt. Sie veröffentlichte *Die Memoiren eines getäuschten Mädchens* (*Mémoires d'une fille dérangée* – in Anspielung auf Beauvoirs *Mémoires d'une fille rangée*). Darin beklagte die Gekränkte sich bitter über die „Skrupellosigkeit" des allzu freien Paares.

All das ist Wasser auf die Mühlen derer, die schon lange dem Mythos Beauvoir an den Kragen wollen – wenn auch aus ganz anderen Gründen, nicht zuletzt, weil gerade sie früher daran mitgestrickt hatten. Nicht nur Beauvoirs Werk sei fragwürdig, sondern auch ihr Leben sei alles andere als vorbildhaft, heißt es nun. Die ganze Libertinage sei auf seinem Mist gewachsen. Gedemütigt habe sie ein Leben lang Sartres Harem ertragen. Und Frauen gegenüber habe sie sich schlimmer verhalten als jeder Kerl. Von den verpassten Wonnen der angeblich so schroff abgelehnten Mutterschaft ganz zu schweigen ...

Zu Lebzeiten Sartres war Beauvoir geschützt gewesen durch den Status der „Frau an seiner Seite". Die Demontage begann prompt nach Sartres Tod 1980. Flugs wurde sie nun zu dem degradiert, wogegen sie ein ganzes Leben lang gekämpft hatte: zur relativen Frau. Gerade Linke, die einst selbst adorierend zur Mythenbildung beigetragen hatten, rechnen jetzt mit den früher so Verehrten ab. Vor allem mit ihr.

Was nicht neu ist. Bei Erscheinen des *Anderen Geschlechts* schleuderte der Schriftsteller Albert Camus („der damals noch ein Freund war") das Buch quer durch den Raum und giftete: „Sie haben den französischen Mann lächerlich gemacht!" Und niemand griff Beauvoir für ihre die bestehende Ordnung so fundamental infrage stellende Analyse des Machtverhältnisses zwischen den Geschlechtern so heftig an wie die Kommunisten: Im faschistischen Spanien war das Buch ebenso verboten wie im kommunistischen Osteuropa.

Auch heute kommen die KritikerInnen meist aus sich als fortschrittlich verstehenden Lagern – und oft sind es Frauen. Was es nicht einfacher macht. Denn das Verhältnis von Frauen zur „Übermutter" Beauvoir ist nicht selten unsouverän und angespannt. So nähert sich selbst ihre Biographin Deirdre Bair, mit der Beauvoir in ihren letzten Lebensjahren zahlreiche Gespräche geführt hatte, nicht etwa offen und neugierig ihrem Sujet, sondern voreingenommen und nörgelnd. Sie geht so weit zu behaupten, Beauvoir habe in ihren letzten Lebensjahren „kategorisch Mutterschaft und Hausarbeit abgelehnt". Dasselbe bei der „Weiblichkeit", deren ideologisches Konstrukt sie kritisiert, aber nicht deren Opfer. Beauvoirs distanzlose Biographin beklagt sogar allen Ernstes das Fehlen von „stimmigen und daher befriedigenden Antworten" in Beauvoirs Werk – als schreibe die Philosophin Rezeptbücher ...

Überhaupt ist gerade die Reaktion Intellektueller auf diese eine Frau, die das Leben von Millionen Frauen veränderte, so manches Mal kleinlich und engherzig. Sie scheinen sich einerseits blind mit dem Vorbild zu identifizieren, andererseits das einstige Idol für ihr eigenes Ungenügen zu hassen. Oder sie leiden daran, von der „großen Schwester" nicht geliebt worden zu sein. So wie die Psychoanalytikerin Luce Irigaray, die sich fast kindlich über die „Distanz" Beauvoirs zu ihr beklagt: „Wie kann man das zwischen zwei Frauen verstehen, die doch hätten zusammenarbeiten können, ja sollen?", fragt sie. Aber warum sollte die bedeutendste Theoretikerin der Gleichheit der Geschlechter (und damit der Menschen überhaupt) die Nähe einer Frau suchen, die wie Irigaray die Differenz, also die Ungleichheit, propagiert (und die Abschaffung der „geschlechtlichen Differenz" als „Genozid" bezeichnet, der „vollständiger wäre als jede Vernichtung in der Geschichte")? Der Konflikt um Beauvoir hat also keineswegs nur psychologische, sondern auch handfeste politische Gründe. Denn die Kritik an der bedeutendsten Vertreterin des universell-feministischen Denkens in diesem Jahrhundert kommt quasi ausschließlich von den so genannten „Differenzialistinnen"; das heißt von Frauen, die, wie Diskursführerin Hélène Cixous, der Auffassung sind: „Geschlecht ist Schicksal." Sie stellen nicht die Machtfrage wie Beauvoir und ihre Anhängerinnen, sondern verschleiern und rechtfertigen sie damit, und sie beharren auf einer mythischen Differenz zwischen den Geschlechtern. Beauvoir ist in ihren Augen eine „Verräterin der Weiblichkeit", denn sie habe einen „männlichen Diskurs".

Wer aber ist Simone de Beauvoir? Sie ist eine Frau, die kein Mann sein will. „Die Frau kann nur dann ein vollständiges Individuum sein, wenn auch sie ein geschlechtlicher Mensch ist", schreibt sie im *Anderen Geschlecht*: „Auf ihre Weiblichkeit verzichten hieße, auf einen Teil ihrer Menschlichkeit verzichten." Doch Beauvoir begnügt sich nicht mit dem Frausein, sie nimmt sich auch die als „männlich" definierten Freiheiten heraus.

Die Differenzialistinnen vergessen bei ihrer Kritik grundsätzlich geflissentlich zu sagen, dass Beauvoir von einem ihnen entgegengesetzten politischen Konzept ausgeht: Im Gegensatz zu ihnen ist sie eine unbeugsame Kritikerin der Betonung und Verherrlichung eines quasi natürlichen, schicksalhaften Unterschiedes der Geschlechter. Beauvoirs Ideal ist die Wiedervereinigung des in eine „weibliche" und eine „männliche" Hälfte geteilten Menschen. Ihre Utopie ist die „Geschwisterlichkeit" der Geschlechter. Ihr Credo ist der berühmteste feministische Satz dieses Jahrhunderts: „Man wird nicht als Frau geboren, man wird dazu gemacht."

Die Tochter einer Hausfrau gehört zu der ersten Generation der weiblichen Elite des 20. Jahrhunderts, die Zugang zu der bis dahin ausschließlich Männern vorbehaltenen Bildung hatte – im Gegensatz zu den Frauen ihrer Muttergene-

233

ration, wie zum Beispiel Virginia Woolf, die lebenslang unter ihrer „Unbildung" gelitten hat. Die Pariser Intellektuelle bricht aus der Enge des bürgerlichen Hauses aus und geht in die Welt. Von Anfang an will Simone de Beauvoir beides sein: Objekt und Subjekt, Frau und Mann, Mensch. Sie will sich nicht teilen lassen in Kopf oder Körper, in geachtet oder begehrt.

Das existenzialistische Credo von Beauvoirs Werk lautet: Der Mensch ist frei geboren. Ein Satz, der heute, in Zeiten der entmündigenden Psychologisierung und verschleiernden Mystifizierung der „Differenz" – zwischen Geschlechtern, Rassen oder Kulturen – brennend aktuell ist. Nicht nur in Afghanistan, Algerien oder im Iran kann der „kleine Unterschied" das Leben kosten. Das Leben einer Frau.

Im letzten Satz vom *Anderen Geschlecht* wünscht Simone de Beauvoir Frauen und Männern, dass sie eines Tages „rückhaltlos geschwisterlich zueinander finden können". Was Verheißung und Herausforderung ist – für Männer wie Frauen. Denn gerade Beauvoirs Werk kann auch Frauen zwar als Erklärung für ihre Lage, nie aber als Entschuldigung dienen.

Die (hier gekürzten) Texte sind aus den Jahren 1982 und 1999, wo sie jeweils Vorwort sind zur Veröffentlichung meiner Gespräche mit Simone de Beauvoir, zuletzt in „Simone de Beauvoir – Rebellin und Wegbereiterin" (KiWi, 1999).

Bildnachweis

Anke Engelke – Bettina Flitner
Sandra Maischberger – Werner Amann
Lale Akgün – Bettina Flitner
Franka Potente – Bettina Flitner
Hildegard Knef – Filmfoto
Christiane Nüsslein-Volhard – Bettina Flitner
Regine Hildebrandt – Bettina Flitner
Hannelore Elsner – Bettina Flitner
Gerda Lerner – Bettina Flitner
Irmtraud Morgner – Bettina Flitner
Prinzessin Diana – © dpa
Brigitte Bardot – Filmfoto
Elfriede Jelinek – Bettina Flitner
Pina Bausch – Bettina Flitner
Inge Meysel – Bettina Flitner
Margarete Mitscherlich – Bettina Flitner
Simone de Beauvoir – Bettina Flitner

Menschen brauchen Vorbilder!

Und Frauen brauchen weibliche Vorbilder. EMMA stellt sie vor, Monat für Monat. Diese Frauen, die sich trauen. Die sich nicht mit angepassten Karrieren begnügen, sondern die mehr wollen. Die etwas riskieren und sich engagieren. Die Ermutigung sind. Und Herausforderung. Für alle Frauen. – Warum also jahrelang auf ein Buch von Schwarzer warten, statt diese Vorbilder sofort und aktuell kennen zu lernen? In EMMA. Wo sonst.

EMMA zum Kennenlernen. Das Mini-Abo.

Ich will ein Mini-Abo zum halben Preis: Ein halbes Jahr lang EMMA für nur 9.80 €
(statt 19.50 €). Nach Erhalt der dritten (Zwei-Monats)Ausgabe kann ich abbestellen.
Oder das Abo läuft weiter.

Die beiliegende Karte oder eine Kopie dieser Seite an EMMA-LeserInnenservice,
Postfach 82, 77649 Offenburg. Fax 01805/121143. E-Mail an emma@burdadirect.de
Oder einfach die Abo-Hotline anrufen: 01805/12 11 81.

Name

Adresse

Telefon   e-mail

Unterschrift   Geburtsdatum

http://www.emma.de

Weitere Titel von Alice Schwarzer im Verlag Kiepenheuer & Witsch

Alice im Männerland
Eine Zwischenbilanz von Alice Schwarzer
Gebunden

Der große Unterschied
Gegen die Spaltung von
Menschen in Männer und Frauen
Gebunden

Marion Dönhoff
Ein widerständiges Leben
Sonderausgabe mit einem aktuellen Vorwort
von Alice Schwarzer
Gebunden

Romy Schneider
Mythos und Leben
Mit zahlreichen Abbildungen
Gebunden

www.kiwi-koeln.de

Paperbacks bei Kiepenheuer & Witsch

Weitere Titel von Alice Schwarzer im Verlag Kiepenheuer & Witsch

Die Gotteskrieger und die falsche Toleranz (Hg.)
KiWi 683
Originalausgabe

Eine tödliche Liebe
Petra Kelly und Gert Bastian
KiWi 640
Mit zahlreichen Abbildungen

Man wird nicht als Frau geboren
KiWi 578
Originalausgabe

Simone de Beauvoir
Rebellin und Wegbereiterin
KiWi 538
Mit zahlreichen Abbildungen

So sehe ich das!
Über die Auswirkung von Macht und Gewalt auf Frauen und andere Menschen
KiWi 449
Originalausgabe

www.kiwi-koeln.de